妈妈教出3岁双语小天才

笑 妈 ○著

西南财经大学出版社
Southwestern University of Finance & Economics Press
（四川·成都）

图书在版编目(CIP)数据

妈妈教出 3 岁双语小天才/ 康娟著. —成都:西南财经大学出版社,2015.4
ISBN 978-7-5504-1864-6

Ⅰ.①妈… Ⅱ.①康… Ⅲ.①家庭教育 Ⅳ.①G78

中国版本图书馆 CIP 数据核字(2015)第 071038 号

妈妈教出 3 岁双语小天才
MAMA JIAOCHU SANSUI SHUANGYU XIAOTIANCAI
康娟 著

策　　划	何春梅
责任编辑	张明星
助理编辑	李　凯
责任校对	周晓琬
封面设计	何东琳设计工作室
责任印制	封俊川

出版发行	西南财经大学出版社(四川省成都市光华村街 55 号)
网　　址	http://www.bookcj.com
电子邮件	bookcj@foxmail.com
邮政编码	610074
电　　话	028-87353785　87352368
印　　刷	四川新财印务有限公司
成品尺寸	165mm×230mm
印　　张	10.75
字　　数	145 千字
版　　次	2015 年 5 月第 1 版
印　　次	2015 年 5 月第 1 次印刷
书　　号	ISBN 978-7-5504-1864-6
定　　价	28.00 元

1. 版权所有,翻印必究。
2. 如有印刷、装订等差错,可向本社营销部调换。

前　言

读书，工作，成家，生娃娃……30 岁那一年，眼看着生娃娃这个事儿不能再拖下去了。好吧，我认为我准备好了。

我的 2004 年是这样度过的：
1 月 13 日确认怀孕，欣喜；
2 月 22 日出血先兆流产，害怕；
2 月 23 日至 4 月 29 日，卧床养胎，失去人身自由；
4 月 29 日至 5 月 8 日，住院保胎，担心；
5 月 9 日至 8 月 5 日，做正常孕妇，心平气和；
8 月 21 日至 8 月 24 日，再次住院，习以为常；
9 月 8 日至 9 月 9 日，待产室及产房，永生难忘；
9 月 9 日至 9 月 14 日，产后住院，新生命的开始！

2004 年 9 月 9 日，孩子出生，迎接新生命的同时，我也开始了自己的新的生命之旅。到今天，整整十年过去了，我的生活，因为孩子，发生了翻天覆地的变化。我的生命的状态，因为孩子，也发生了翻天覆地的变化。

因为之前工作的关系，我知道：
人生头 3 年，对于任何一个宝宝来说，都是千金不换的宝贵！
人生头 3 年，宝宝就是一个空瓶子，家长应该往这个瓶子里装什么至关重要；

人生头3年，身体的发育，是重中之重；

人生头3年，语言能力，可以优先发展；

人生头3年，是行为、习惯、性格的播种期。

所以，我决定排除万难，陪宝宝度过她人生中比黄金还要珍贵的人生头3年。

以下是宝贝成长大事记：

身体

2004年9月9日出生：从出院就开始每日接受妈妈做的婴儿被动操、抚触、洗澡；

22天：趴在床上，练习抬头；

26天：第一次"爬"；

29天：视觉训练；

1个月16天：踏步反射；

1个月21天：被竖立着抱；

2个月2天：俯睡；

3个月11天：翻身了，从仰卧到侧卧，俯卧抬头超过90度；

4个月13天：抓、撕、扯、舔、啃、咬；

5个月：坐得笔直，能坐上十来分钟；

6个月：抓着东西站起来，站很长时间，站得很稳；

7个月：爬；

9个月1天：走，迈出人生第一步；

10个月：大步流星、快步如飞地走；

10个月3天：赤脚训练；

1岁：能行走自如，会爬高上低，几乎会跑了，会跳摇摆舞，会跳踢踏舞，会跺脚，会爬上爬下，拇指、食指动作熟练，会打开和盖上瓶盖，会打开盒子拿里面的东西，会一页一页地连续翻书N次以上等；

……

认知

2004年9月9日出生：从出院就开始每日听妈妈读儿歌和故事；

23天：第一次看字卡，看了11秒；

29天：《低幼儿歌》可以坚持长时间听了，而且她黑黝黝的眼睛一直都紧紧地盯着书看；

1个月：形成固定的学习时间；

1个月11天：专心地看墙上的汉字；

1个月22天：开始认人；

2个月15天：说话时间总和达到40分钟，且是与大人交流着说的；

2个月21天：把学习当成了享受；

2个月22天：一口气看了一百多张字卡；

3个月6天：《低幼儿歌》坚持一口气听完100首儿歌，持续四十多分钟；

3个月11天：可以独处的时间越来越长，个把小时没问题，对字卡百看不厌；

4个月8天："口不能言，心已默识之"；

8个月22天：再次爱上"字宝宝"；

9个月24天：自发地拿起书来，一口气看了7本图画书和1本儿歌书；

……

1 岁 6 个月 10 天：第一次准确、完整、独立地唱歌；

1 岁 6 个月 23 天：会讲故事；

1 岁 7 个月 9 天：会读九十多首儿歌；

1 岁 7 个月 16 天：说了一句英语；

1 岁 11 个月 5 天：成了一个小小读书王；

2 岁 4 个月 5 天：开始说英文；

……

跟宝宝每一天的成长、变化、进步相比，做妈妈的，每一天也都在成长着、变化着。

感谢宝宝，让我在走出校园多年之后，能有机会再次以新生的状态，全身心地投入到养育孩子的学习中；

感谢宝宝，让我这十来年有缘结识了遍布全国各地的育儿道路上的良师益友；

感谢宝宝，让我有机会成为《双语"小天才"养育实录》和《口语不好也能教宝宝学好英语》两本书的作者；

感谢宝宝，每一天，我都确信自己是个不断提升的人，而且也在不断地帮助他人提升。

笑笑妈

2014 年 10 月 13 日

目 录

Part 1　0~1岁　千金不换第一年

理念篇：每个宝宝都是最棒的 ------ 2
1. "对牛弹琴"要趁早 ------ 2
2. 我从未想过要培养神童 ------ 3
3. 孩子的成长最需要的是爱和陪伴 ------ 4
4. 学习，对孩子对我都没有任何压力 ------ 6
5. 对孩子一定要放手 ------ 7
6. 粗养细教 ------ 9
7. 把对孩子的教育放在第一位 ------ 11
8. 戒掉电视 ------ 11

方法篇：字卡、儿歌、阅读兴趣 ------ 12
1. 亲子阅读从胎教开始 ------ 12
2. 第一次看字卡看了11秒 ------ 13
3. 加入新字卡 ------ 13
4. 对婴弹琴读儿歌 ------ 14
5. 看字卡的妙处 ------ 14
6. 只求耕耘不问收获 ------ 15
7. 她把学习当成了享受 ------ 15
8. 82天时一口气看一百多张字卡 ------ 15
9. 口不能言，心已默识之 ------ 16

10. 对字卡老朋友，笑笑不感兴趣了 ------ 17
11. 字卡她基本不看 ------ 18
12. 第一时间第一地点满足她 ------ 18
13. 再次爱上字宝宝 ------ 19
14. 教育的力量 ------ 20
15. 对书产生兴趣的三个阶段 ------ 21
16. 笑笑的语言 ------ 22

分享篇：新手妈妈第一年的笑与泪 ------ 23
1. 0~3个月的教养建议 ------ 23
2. 教育就是培养好习惯 ------ 24
3. 划出固定的学习时间 ------ 24
4. 儿歌磁带的妙用 ------ 25
5. 笑笑的百日成长记录 ------ 25
6. 孩子的每一天都在成长着、变化着、进步着 ------ 28
7. 给笑笑的期末评价 ------ 30
8. 最简单的味道养成最好的胃口 ------ 33
9. 惊人的创造力来自哪里 ------ 34
10. 一周岁总结 ------ 36

Part 2 1~2岁 至关重要第二年

理念篇：教幼儿英文其实很简单 ------ 40
1. 全职否 ------ 40
2. 学会倾听：如果宝宝会说话 ------ 42
3. 不要片面听信理论 ------ 44
4. 要慎重走好孩子教育的每一步 ------ 44
5. 只要耳朵在他就一定在听 ------ 45

6. 上班族妈妈找什么样的人来带孩子 ------ 46

7. 妈妈与奶奶，带孩子有什么不一样？ ------ 46

8. 家长的态度决定一切 ------ 48

9. 宝宝语言发育与早教 ------ 48

方法篇：双语并行、触类旁通 ------ 51

1. 完整看完 32 页的故事 ------ 51

2. 实物与字卡，识字与生活 ------ 51

3. 喜欢听妈妈读书 ------ 52

4. 鳄鱼跷跷板 ------ 52

5. 物质文明与精神文明 ------ 53

6. 学说话 ------ 55

7. 每个宝宝都是语言学习的天才 ------ 56

8. 汉字声旁类推：妈—马—码 ------ 58

9. 阿姨姐姐妈妈 ------ 59

10. 培养阅读兴趣和能力是识字的终极目的 ------ 60

11. 嘟嘟熊，偶像的力量 ------ 62

12. 给一岁多的宝贝选什么样的书 ------ 64

13. 一口气听了二十多个故事 ------ 65

14. 语言能力飞速发展的第 17 个月 ------ 65

15. 怎样让宝宝爱读书 ------ 68

16. 如何给小宝宝读书 ------ 70

17. 1 岁半的笑笑第一次自己读书 ------ 74

18. 书面语的内化：妈妈怀抱 ------ 75

19. 猜猜我有多爱你 ------ 75

20. 谈宝宝口语发展：方言与普通话 ------ 77

21. 第一次准确完整独立地唱歌 ------ 79

22. 宝宝讲《爱心树》，一讲就是十几遍 ------ 80
23. 宝宝会讲的第一个故事《大象哥哥》 ------ 80
24. 笑笑是早期亲子阅读受益者 ------ 81
25. 最幸福的我们俩 ------ 83
26. 1岁7个月会读九十多首儿歌 ------ 84
27. 笑笑编的第一个故事 ------ 85
28. 说了一句英语 ------ 85
29. Thank you ------ 86
30. 对英文字母极其"感冒" ------ 87
31. 边听边看《低幼故事》 ------ 89
32. 角色游戏：妈妈浮上来了 ------ 89
33. 最后两个月的冲刺 ------ 90
34. 1岁10个月自己读大半小时书 ------ 90
35. 搞笑形近字：小壁虎"错"尾巴 ------ 91
36. 1岁10个月，编第一首儿歌 ------ 92
37. 英语怎么办 ------ 93
38. 康氏培养的笑笑读书王 ------ 93
39. 小丫头有书柜了 ------ 94

分享篇：怎么教，教什么，如何培养习惯与氛围 ------ 95

1. 总结：突飞猛进，全面提升！ ------ 95
2. 语言乐事串串烧 ------ 99
3. 良好的专注力 ------ 100
4. 唱儿歌吃饭法 ------ 101
5. 联想与想象：关于"马"的长篇大论 ------ 102
6. 笑笑的奇妙想象力：沙发、纸尿裤、风筝、蝴蝶 ------ 104
7. 请小猫、小牛来吃两周岁生日蛋糕 ------ 105

Part 3　2~3岁　硕果累累第三年

理念篇：慢慢养，用心教 ------ 108
1. 孩子就是一面镜子 ------ 108
2. 有因必有果 ------ 109
3. 爱和自由与规则 ------ 109
4. 好妈妈，慢慢来 ------ 111
5. 家长要注意自己的言行 ------ 112
6. 妈妈对孩子的影响根深蒂固 ------ 113
7. 每个孩子都有属于自己的那份精彩 ------ 113
8. 我要努力改变自己来影响她 ------ 114

方法篇：让耳朵学会听，让嘴巴学会说 ------ 114
1. 看笑笑说文解字 ------ 114
2. 英语学习从阅读起步走得通吗 ------ 115
3. 欧阳修三上读书，笑笑厕上读书 ------ 116
4. 年龄最小的童书评论家 ------ 116
5. 2岁2个月自编儿歌8首 ------ 117
6. 我庆幸在忙碌之前让笑笑爱上了阅读 ------ 119
7. 菜谱也读半小时 ------ 120
8. 对婴幼儿来说，英语就是一种方言 ------ 121
9. 每日阅读就像呼吸一样自然和必需 ------ 122
10. 幼儿英文阅读，材料要选对 ------ 123
11. 识字：一旦红日初现，就会是一片光明 ------ 125
12. 龙共代山英 ------ 126
13. 关于阅读学习及其他 ------ 126
14. 弗罗拉与Flower ------ 130
15. 再婚=再结一次婚 ------ 131

16. 阅读开启想象力　------ 132

17.《法布尔昆虫记》　------ 133

18. 讨论：如何给孩子读书　------ 133

19. 与笑笑共同感受阅读好书的幸福与满足　------ 136

20. 看《神奇校车》，废寝忘食　------ 136

21. 讨论：英文读物与学习方法　------ 137

22. 阅读中最重要的收获　------ 142

23. 会读书之前，把让她会读书作为唯一目标　------ 142

24. 笑笑自己总结出了英文拼读规律　------ 145

25. 没有《神奇校车》？不可能！　------ 146

26. 妈的和 mud　------ 146

分享篇：你也能教出双语小天才　------ 147

1. 水乡行：乌篷船荷花镇　------ 147

2. 独自玩耍的能力　------ 149

3. 睡前故事杨小红　------ 150

4. 怎么教孩子拼拼图　------ 151

5. 小小哲学家：每个角落都有自己的天空！　------ 152

6. 关于选幼儿园　------ 152

7. 幼儿园入园考　------ 153

8. 关于生命之循环往复的精彩对话　------ 155

9. 看笑笑是怎样享受做《逻辑狗》的乐趣的　------ 156

10. 笑笑妈的把戏：欲擒故纵　------ 157

11. 笑笑是上帝派来救我的那个人　------ 158

12. 2~3岁教养总结　------ 160

Part 1

0~1岁 千金不换第一年

理念篇：每个宝宝都是最棒的

1. "对牛弹琴"要趁早

时光树：宝宝21天

从出院就开始每日坚持给笑笑做婴儿被动操、抚触、洗澡；每日坚持读儿歌和故事给笑笑听。每个人都觉得我是在"对牛弹琴"。

前20天，身心疲惫、心力交瘁的我，是能做多少就做多少。从第21天起，我开始正式并坚持每天记日记。

教育，只有在准备充分，我心情好她状态佳的时候才能进行。其他时候只能任她自然生长。

孩子就是一个空瓶子，你装入丰富生动，她就是丰富生动；你装入空虚无聊，她就是空虚无聊。你如果先装了丰富生动，那么空虚无聊就没了场地；反之亦然。

妈妈私房话

孕期的一系列"变故"，加上生产时是产钳术，生完孩子之后，身心疲惫、心力交瘁的我，能每天跟上孩子的节奏，照顾好她也照顾好自己，并休息好，就相当不错了。在当时的精神和身体状态下，我完全没有力气和心劲去执行更多，不得不对生孩子前就定下的早教计划望洋兴叹。

对于认为我是在"对牛弹琴"的人，我只在心里轻问一句：如果你相信胎教，那么又有什么理由不相信早期教育可以从孩子出生的第一天开始呢？

2. 我从未想过要培养神童

时光树：宝宝2个月

在院子里带孩子晒太阳时跟几个妈妈谈起早期教育，她们都对此不以为然，说孩子这么小，只要快乐就好，不要给孩子压力，反正也不指望孩子是天才神童，更不指望孩子未来能成名成家……

知音难觅！

我从未想过要培养神童，只是不想让孩子这比金子还要宝贵的前3年被错过、被耽误，只想给她提供与身体、智力发展相适宜的环境，给她及时的教育。难道教育就等于不快乐，就等于给孩子压力？

妈妈私房话

早教有很多流派。比如：冯德全教授的0岁方案；西方引进的蒙氏教育；反对早识字、早阅读，认为任何早教都是摧残儿童身心健康的一派。另外还有亲子阅读派、台湾王财贵先生的读经派以及杜曼和七田真派。对了，还有在家上学派等。每一派都有其道理。客观地说，无所谓哪个是绝对正确或是绝对错误。

不管我们家长选择了哪一派，这都是个人的选择而已。但是，不管你是哪一派的，保持良好的心态，以快乐教育为根本，做到孩子和大人都轻松愉快，而且在这一路上都要做到"不以物喜，不以己悲"，朝着自己选择的方向去努力、去坚持，这才是最重要的。

我相信，任何一个以人为本的教育流派，其目标都不是培养高大上的神童、天才和富翁。

妈妈教出3岁双语小天才

补充篇：九年半之后，宝贝9岁8个月

现在，我每天接收到的微信群的信息：来自老师的就是各种竞赛、各种培训班、各种升学知识的储备；来自孩子同龄人的家长的各种信息无外乎最终的指向都是考名校、读名校、成就成功人生！

这个时候，再也没有人会去说，只要孩子快乐就好！不要给孩子压力……我仍然感到知音难觅！

十年前，我从未想过要培养神童，只是不想让孩子这比金子还要宝贵的前3年被错过、被耽误，只想给她提供与身体、智力发展相适宜的环境，给她及时的教育。难道教育就等于不快乐，就等于给孩子压力？

十年后，我常常问：难道教育就等于升学+考试+读名校？早期孩子能力发展的各个关键期，大人们关心的是孩子快乐与否。后来，到了该关心孩子心理是否健康，孩子是否有学业上的压力时，大人们关注的却是升学！考试！名校！唉，人很难不被所处环境中的某些力量一路裹挟着走下去。

神童、天才、富翁不是我想要的，更不是我培养孩子的目的。一个人，能做自己喜欢的事情，做自己擅长的事情，做自己愿意做的事情，这件事，是外可以助人，内可以养家，而且，最关键的是这三件事情还是同一件事情，我认为，这个人就足以称为成功人士了！我对孩子的期望，就是成为这样的"成功人士"。

3. 孩子的成长最需要的是爱和陪伴

时光树：宝宝3个月

停下你的脚步，多陪陪孩子

我们需要的东西有很多可以等待，

Part 1　0~1岁　千金不换第一年

但孩子不能等。

现在，他的骨骼正在生长；

现在，他的血液正在制造；

现在，他的心智正在发展；

对他，我们不能说明天；

他的名字叫今天。

——盖比爱拉·米斯特拉尔

小区里的"娃娃会"每日都会准时进行，其实就是娃娃们的妈妈、保姆、奶奶、外婆借此机会每日一聚。娃娃们只是晒晒太阳，或是安静地躺在小车子里，或是被抱在怀里听大人们唧唧喳喳地说个不停。

与笑笑同月龄的几位宝宝的妈妈在说着产假将完要上班的事儿。她们说选择把孩子交给奶奶、爷爷或外公、外婆，要不就花一些钱请个较贵的"好"保姆，这是中国家庭的普遍做法。

我说我会把"全职妈妈"进行到孩子6岁或者至少是3岁。这话一出，立即引来了一连串的问题——"你是做什么的？你的专业不浪费了吗？""这样下去，你不怕跟社会脱节吗？"

在一而再再而三地分享了我对早期教育重要性的认识后，她们告诉我早期教育是上幼儿园以后的事情，在这之前，小孩子只要吃吃、睡睡、玩玩就可以了。

啊，不妙，看来从此我会是一个"另类"。在我认识到了早期教育的重要性之后，在我亲眼看到、亲身感受到宝宝强烈的求知欲之后，在我一再感叹宝宝与生俱来的超强的学习能力之后，我又怎么能够做到轻松地把宝宝交给其他的任何人来养和育？

如果宝宝只是吃吃、睡睡、玩玩，我会觉得对不起她，且我相信我会终日生活在后悔和遗憾中。我不会为我日后的后悔和遗憾播种，所以，我会选择一条非主流的道路走下去。

妈妈私房话

时至今日，全职妈妈越来越多。做不做全职和要不要早教，以及要怎样早教，其实只是非常个人化的选择。很多人会把全职与否和经济情况直接挂钩，是的，这的确是非常现实的问题。我是一个对物质没什么追求的人，更看重做一件事情的意义所在，所以，我能在做决定时不受物质的牵绊。

爱，是孩子在最需要你的时候，你给予的陪伴。陪伴，无法用任何物质代替。

4. 学习，对孩子对我都没有任何压力

时光树：宝宝7个月

我又开始教笑笑点卡了。与之前的"漠视"相比，笑笑对点卡很有兴趣，但她不只是满足在看上，每每都要伸出小手来抓，如果我让她抓，她准会一把抓住，下一个动作就是往嘴里送去。所以，我严格控制着教学程序，这样，当笑笑发现这些东西只能看不能摸时，她的兴趣也在逐渐减弱。

不过，既然已是第二次开始，这回我无论如何也要坚持下去。我是这样想的，不管能不能达到惊人的学习效果，在1岁前，大脑发育成长的最最重要的时期，多给孩子各种信息刺激，总归是会有好处的。

在这样的心态下，学什么都是没有任何压力的，对我是这样，对孩子也是。

妈妈私房话

这第二次开始的点卡教育，一段时间以后再次无疾而终。虽然过程中做到了无压力，可结果如何，真的是不可控制呀！因为，我面对的是

Part 1 0~1岁 千金不换第一年

一个完全随性的小婴儿,没人能强求她应该怎样不该怎样。

5. 对孩子一定要放手

时光树:宝宝8个月

我从不敢说自己读过蒙台梭利的书,因为我只是在孩子出生前简单翻阅过她的几本著作。依稀记得有本叫《童年的秘密》,其中有一段是讲小孩子的规则和秩序感的,她举了几个很生动的例子,讲破坏了原有的秩序后,孩子是如何的不适应,家长和其他的大人都不知所措、无从下手,她老人家发现了问题,指出、改正后,小孩又回到原来的状态。

同样的事情,在笑笑身上也得到了很好的验证。

新保姆5月7号来的,我告诉她,笑笑基本上不哭,自己会爬,会玩,她要做的就是保护孩子,不限制笑笑的活动,就可以了。简短介绍后,我忙自己的事去了。

第一天下来,我发现笑笑哭了好多次。我想,孩子大了,开始认生了,对新阿姨有个适应过程,没关系。同时,我也这样宽慰新来的保姆,以免她焦虑。

第二天,第三天,笑笑仍然哭了许多次。我想,她在适应,保姆也在适应,需要时间。

第四天,第五天,愈演愈烈,笑笑动不动就哭,甚至延续到了夜间。本来前段时间她的夜奶已断掉,晚十点睡下,夜里两点想吃奶会醒几分钟,不喂她,只是拍着哄哄她就会再睡去,之后一觉睡到早上六点醒后吃奶。但是,第四天开始,她平均一小时醒一次,醒后直接是大声痛哭,一定要哭够哭累才睡去,一副受了惊吓的样子。

难道保姆吓唬她了?不会呀,据我观察是没有。那怎么会这样呢?

第五天夜里,仍然是这样。我和笑笑爸被她折磨得昏昏沉沉地睡不着。我突然想到了蒙台梭利的书，想到了这部分内容。

第六天早上，保姆一来，我跟她说："你做得很好，可是，笑笑从一个不哭的孩子变成了目前动不动就哭，这是你造成的。不是说你不好，只是想告诉你，你不要让小孩子来适应你，你要来适应孩子。"保姆觉得有些委屈，我告诉她，"我要观察，然后告诉你，什么能做，什么不能做。然后，你照着我说的去做就行了。"

笑笑在地上爬着玩，保姆说，阿姨来抱你好不好？我告诉她，不要抱，让她自己爬，你在旁边跟着，保护她就行。除非她要你抱，否则，不要抱她。

笑笑爬到了电视柜旁，扶着站了起来，伸出小手去抠电视机上的按钮。保姆赶快把笑笑抱开，抱到离电视柜很远的沙发那里。我告诉她："你让孩子抠好了，她抠不坏，抠坏了我也不会怪你。"保姆说："不是，我是担心她磕着头。"我告诉保姆："那也不要把她抱开，你在她身后，随时做好她摔下去你能扶着的准备，不能因为害怕孩子磕着，就不让她在这儿玩。"

笑笑抓起玩具就往嘴里放，保姆赶快说，宝宝不要吃，这很脏的，吃了会生病。看得出，她很负责也很讲卫生。我告诉她，在我们家，孩子可以吃任何想吃的东西，只要没有危险。迄今为止，她想吃的东西只有拖鞋我没让吃，玩具我们经常消毒就可以了。保姆一听，哑然，于是，她松开手，笑笑继续快乐地吃着，不大一会儿，就撒开手去玩别的玩具了。

保姆给笑笑把尿尿，把了好长好长时间，笑笑就是不尿，身子拱着，要起来。保姆坚持要把出来，说小孩子半个小时就应该把一次，会尿的。笑笑被惹急了，哇哇地哭。我告诉她，不尿就是不尿，没有什么该不该的，该尿自然会尿的。

后来，我又告诉保姆："笑笑可以爬到这个家里任何一个她可以爬去的角落，可以吃这个家里任何她想吃的玩具，当然，有危险的和真正

Part 1 0~1岁 千金不换第一年

的脏东西是不行的。你要做的就是保护她。有尿时她自然会尿，你应该掌握她的规律，而不是用你的规律来要求她。她不困时，千万不要哄她睡觉，困了自然会睡。你记住了，做到了，笑笑肯定不会哭了，你会轻松得多，否则，你压力也挺大的。"

通过这一天与保姆的交流，笑笑又回到了正常的生活轨道中来，晚上没有哭闹了。直到今天，她仍然是个基本不哭，很爱笑，很好带的小孩。

妈妈私房话

从保姆的角度考虑，帮别人带孩子，安全是天大的事情！无论如何，孩子的安全都是第一位的，因此，保姆一般情况下就是怎么安全怎么来。

可是，这个阶段，吃，是孩子探索世界的主要方式，他们通过拿到一个物品后的触摸、啃、咬，来满足心理的好奇，来探索感受到该物体的一些特质。限制孩子，就等于剥夺了他们探索未知世界的权利。

那位保姆在那段时间，很重要的工作就是每天清洗各种笑笑可以拿起来啃的玩具，洗好之后拿去太阳下暴晒好再收进来。要么是满足保姆的安全和卫生标准，要么是满足孩子的探索和求知欲望，我选择的是不委屈孩子。

6. 粗养细教

时光树：宝宝10个月

给网友的信（摘录）

看了你家老人对宝宝练习爬行时的心疼表现，想跟你多唠叨几句。

我从开始到现在，总被院子里的老人们数落："不会带孩子，不会疼孩子……"这样不行，那样也不行。比如在笑笑很小很小时就竖着抱

妈妈教出3岁双语小天才

她，老人们会说："会把小孩脊柱累弯，身体会变形！"冬天笑笑穿得最少，他们会说："小孩子感冒发烧可麻烦啦！"笑笑会爬以后常在小区广场的水泥地上爬来爬去，他们会说："不讲卫生，容易生病，再说了，万一有玻璃碴儿割破腿了咋办？！"听说我们在家就是把笑笑放在地板上让她自由活动，他们会说："孩子多累呀，大人要多抱才行！"笑笑9个月开始会走了，他们会说："不能让她多走，孩子腿会累坏的，等大人后悔就晚了！"

我已被训练得脸皮厚厚的，当面点头称是，但，虚心认错，坚决不改。

我养自己的孩子肯定要按照我的想法来，开个不恰当的玩笑，把孩子当猪养，他就会像猪一样健壮。

我心里有数，所以一直遵循着"粗养细教"的原则。

笑笑10个月大时已能大步流星、快步如飞地走（此处纯属夸大，千万别当真，反正吹牛皮又不上税），笑笑至今还没进过医院看病，我觉得这很正常呀，他们觉得其他家孩子都去过你们没去过，就是不一样，笑笑的身体看起来像铁蛋儿一样结实……老人们不再数落我了，说笑笑是个特殊的孩子，发展得很好，特别是身体那真叫好！

他们不愿意承认，就是因为先有了我的"不好"，才会有笑笑的"好"。笑笑是一个平常得不能再平常，普通得不能再普通的小屁孩儿。

妈妈私房话

现如今的孩子，唯一缺的就是吃苦。物质条件的过于丰盛，科技的发达，创造出了很多没必要的产品。我初次看到有家庭在宝宝吃饭时用专用剪刀帮孩子把各种蔬菜食材剪得碎碎的才给宝宝吃，我瞬间石化惊呆了！心里想，如果一个孩子，不具备最基本的咀嚼功能，她或他的未来，怎么生存下去？大人如此这般细致入微、无微不至地照顾宝宝，其实是在剥夺宝宝自身能力发展的机会呀！

7. 把对孩子的教育放在第一位

时光树：宝宝11个月

笑笑的成长与发展，一切都那么令人欣慰。我应该时刻提醒自己，把对孩子的教育放在第一位，不要浪费时间在其他无谓的人和事上面。

妈妈私房话

2004和2005那两年，一方面我安心育儿并享受人生新角色带来的种种变化挑战，另一方面跟育儿无关的一些事情的发生，直接导致了我很长一段时间被产后抑郁困扰。那是我过往人生收获最大的两年，也是最痛苦的两年。

孩子尽管不是我生活的全部，但陪伴孩子成长却是我最大的幸福所在！

（写于2014年）

8. 戒掉电视

时光树：宝宝11个月

8月因为台风麦莎，家里电灯闪来闪去，我在看电视，结果，电视机被闪坏了。也好，不修了，从此真正地戒了电视。否则，不知有多少时间浪费进去！

妈妈私房话

笑笑1岁半后，因要放英文碟片给她看，电视修好了。除了偶尔给她放会儿英文碟片之外，我们大人再也没有看过电视。我们并没有觉得生活中因此而缺少了什么，反而为当初那个英明的决定而庆幸！这没有电视陪伴的日子，我们还会好好地过下去。

（写于2008年3月9日）

妈妈教出了双语小天才

再到后来，因为北京奥运会，我们开通了停了好久的有线电视。再后来，家里有了 IPTV，但是，电视也只是大人偶尔闲暇时的一种放松和娱乐。

宝贝对电视，一直都是当成英文视频播放器用的。由于她看电视的起点是英文原版视频，她就很难再爱上相对粗制滥造的非英文动画片。记得她上幼儿园时，有次全园去影院包场看了一部著名的国产动画片，结果她一回来就气愤地跟我说："一点儿也不好看，老师为什么要带我们去看呢?!"

不看电视，让大人多了很多业余时间；不看电视，让孩子远离不良节目，这个收获不可谓不大！

（写于 2014 年 5 月 3 日）

方法篇：字卡、儿歌、阅读兴趣

1. 亲子阅读从胎教开始

时光树：宝宝 21 天

从出院当天开始每日坚持读儿歌和故事给笑笑听。每个人都觉得我是在"对牛弹琴"。

其实怎么会呢？即便是胎儿也是有听觉的，不是吗？所以胎教时大人要听美妙高雅的音乐，要读词语优美的文章，要看积极向上的影视作品，总之，看的、听的、读的，都要令孕妇心情愉悦，能够对腹中的宝宝起到正向积极的影响。我在那个时期，已给腹中的宝贝读过童话故事，唱过儿歌童谣。为什么宝宝出生后，很多人反而会觉得读这些没用呢?!

2. 第一次看字卡看了 11 秒

时光树：宝宝 23 天

开始看字卡。第一张，"妈妈"。宝贝第一次盯着看了足足有 11 秒，过会儿再给她看第二次，看了 6 秒。好！白天的学习结束。

晚上再拿给她看，也许是隔得太久全忘了吧，这次看了 10 秒。

好神奇！

因为，我之前设想过一种可能是宝宝根本就不看。

妈妈私房话

一直有朋友问字卡是什么样的？尺寸多大？是打印的还是手写的？

我家的字卡，有普通复印纸打印的，也有手写在硬纸卡上的。字卡大小是 A4 纸的三分之一，长方形，写两个大字，每个字大约两寸见方。

字卡可以买吗？可以。但全部靠买恐怕不太好，因为，要学什么内容是根据自己家实际情况决定的，标准化生产出来的售卖字卡却都是统一的内容，难以灵活运用。

3. 加入新字卡

时光树：宝宝 27 天

拿出字卡"妈妈"，她只看了一眼就扭向一边。

立即拿出新字卡"爸爸"，令人称奇得是她盯着一直看了 9 秒多！稍后再试，依然如此！

没有先进的科学仪器可以实时监控到、观察到在那一时刻宝贝的大

妈妈教出3岁双语小天才

脑里到底发生了怎样神奇的事情，但我相信，一定有什么发生过！要么为什么那张看了几天的熟悉的"妈妈"只看一眼呢？

4. 对婴弹琴读儿歌

时光树：宝宝29天

读《低幼儿歌》时宝贝可以坚持听的时间变长了，且她黑黝黝的眼睛一直都紧紧地盯着书看。

如果你能看到我和她读书的画面，你就会知道做一个给小婴儿读书的妈妈有多么不容易啦！她躺在床上，我把书举起来放到她视线所及之处，轻柔地读给她听，同时观察她是否愿意听下去、看下去。婆婆和笑笑爸对此情此景照旧是不以为然。可是，我知道，方向对了，走在路上，就一定能到达终点！

5. 看字卡的妙处

时光树：宝宝1个半月

笑笑的外公来看笑笑。他抱着笑笑看墙上的字，我才得以以旁观者的眼光看她是否在"学"，结果，正如我一直坚信的那样，小家伙专心得很哩！

如果，到她一岁后一张嘴说话就把这些字都念出来，嘿嘿，想想都要美得我睡不着觉啦！

妈妈私房话

事实上，等她开口说话，我根本就没再用字卡去检查她会读了哪些字，因为……请容我在这里先卖个关子，继续往下看就知道啦！

6. 只求耕耘不问收获

时光树：宝宝2个月

把学过的所有字卡全拿出来进行复习，笑笑很感兴趣，一副没看够的样子。

今天加了6张新字卡。

妈妈私房话

就这样只求耕耘不问收获的每日坚持着，没有人告诉我最终结果会是怎样。但是，每一天跟宝贝互动时，我都能时刻感受到她传递给我的信息。她要不要这个我正在给她提供的东西，她喜不喜欢这个东西，我比谁都清楚。

7. 她把学习当成了享受

时光树：宝宝2个月

一说学习，小家伙就来劲儿了，两眼目不转睛地看着，小手与小脚欢快地弹动着。很快就学了一遍，那就再来一遍吧，没够？接下来又是一遍。她把学习当成了享受呢！

8. 82天时一口气看一百多张字卡

时光树：宝宝3个月

晚上脱去衣服，小家伙终于可以自由活动了。她的小手小脚一刻也不停地动着、挥舞着，小嘴巴发出呜呜啊啊的声音，好像在告诉我们她非常喜欢这样玩。

下午我有事，就让她少看了一遍字卡，等忙完了我说把字卡拿来让她看，她爸说算了吧，别把她惹得不高兴了。我说，试试吧。把字卡拿来给小家伙看，没想到她并没有不高兴，反而是加倍高兴了！

看到这些字卡，她好像是看到了熟悉的老朋友一样，异常的兴奋，在呜呜啊啊的声音中又发出了几个大声的"嗨"，真的像是在跟朋友打招呼呢！

一口气看完六十多张，小家伙意犹未尽，我刚要收起，她就撅起小嘴做出要哭的样子。那就只好再看了！在她一再坚持下，又看了两遍才最终结束。

我想，我是做到了"投其所好，送其所要"。

从开始到现在，一直使我惊叹和佩服的就是宝贝的专注力，每当我们"学习"时，她总是目不转睛、全神贯注地配合，间或发出高兴的声音，脸上一直是喜悦的表情！

每一个婴儿都是学习的天才——天生"婴才"！

妈妈私房话

投其所好、送其所要，从本质上讲，这就是因材施教。

9. 口不能言，心已默识之

时光树：宝宝4个月

抱着她看墙上的字卡，问她："哪个是水果？"只见她一本正经地用眼睛在那张"水果"上扫来扫去，片刻之后，将目光瞄准在"水果"上，停下来，再也不动了！

这真是太令人兴奋了！

笑笑爸说："咦？她看起来像是认得一样。"我反驳说："什么叫看起来像？她是真的认识了。"笑笑爸不相信，又考问了几个别的字，笑笑都能认准！

妈妈私房话

　　白居易在《与元九书》中提到，他几个月大时，还不会说话，奶妈就教他认字了。那么，这样的教，有没有效果？白居易写道："仆始生六七月时，乳母抱弄于书屏下，有指'之'字、'无'字示仆者，仆虽口不能言，心已默识。后有问此二字者，虽百十其试，而指之不差。"

　　小婴儿的学习能力就是这么神奇！

10. 对字卡老朋友，笑笑不感兴趣了

时光树：宝宝6个月

　　这两天在给笑笑做总复习，字卡、墙上的字、图卡等，算是复习了一遍。

　　笑笑大了，越来越难管理了，我只能趁她高兴，趁她给我面子时，让她看字。稍不注意，她小人家的注意力就会被其他事物吸引了。

　　我想，也许是她对这批老朋友不感兴趣了。于是，我试着把字卡的排列方式和顺序调整了一下，嘿，别说，小家伙认真地盯着看了好半天。她发现了不同，好像正在努力把不同找出来呢。

妈妈私房话

　　当孩子不感兴趣时，我们大人要做的是找原因，找属于自身的原因，而不是简单归咎于我的孩子不喜欢这个，我的孩子对学那个没兴趣，如若只是简单归结为孩子没兴趣、不喜欢，就会错失教育良机。这种认识完全是一种被动的心态。我一向认为，遇到问题，从自身找原因，把属于自己的这一份该做的事做好，想要的，该来的，自然会来！

妈妈教出3岁双语小天才

11. 字卡她基本不看

时光树：宝宝7个月

笑笑现在只对没接触过的事物感兴趣。

她刚刚拿着针线包玩了半天，笑笑爸在旁边大呼小叫地让我阻止她。我白眼看了看，没理他。唉！其实，难道他就没看到吗？他的宝贝女儿只是在玩针线包，根本就没把包打开，这会有什么危险呢？

我把字卡拿出来，她基本不看，却对卡片上的夹子产生了兴趣，一把抓过去，把玩了起来。

妈妈私房话

小孩子时刻都在成长，她的运动能力和探索愿望越来越强，这时再指望用老一套对她，肯定是行不通了，不管是学习内容，还是教育方法，都要根据孩子的情况做及时的调整。

教育孩子，没有哪件事是可以一劳永逸的。

12. 第一时间第一地点满足她

时光树：宝宝8个月

总算渡过了前面很长一段时间的排斥，现在的她越来越爱学字了，经常主动要看字，只要我发现她的需求，我一定会在第一时间第一地点满足她。所谓把握教机，应该就是这样的了。

妈妈私房话

胜不骄败不馁。就是这样，遇到解决不了的问题时，就先放一放，又何妨！如果那时大人强拗着来，只会加深宝贝的排斥和反感，所以，宝贝还小，有的是时间，停下来，只是为了更好地出发。

只要一直在朝想要的方向努力，这世界没有到不了的终点！

13. 再次爱上字宝宝

时光树：宝宝9个月

墙上贴的那些字已远远满足不了她的需求，我常常是在她的示意下从头到尾读上一遍，可她小人家听完还是意犹未尽呐。她会用眼睛盯着某处，要求你再念，再念，再念！

她现在净重有20斤了。我常是一手抱着她，一手指着字，还要看着字念给她听，这已经成了我的一大"负担"。

可喜的是，不管她是否认识，看了多少字卡，她已经对字产生了兴趣，对字很敏感。

带她到院子里玩，走着走着，会发现她的脸一下扭向一个方向。顺着她目光看去，总能看见一块带字的牌子："社区是我家，美丽靠大家。""手下留情，足下生辉。""小孩玩耍，大人看护。""锻炼身体，增强体质。""谢谢配合""小区平面图"……

她总是饶有兴趣地听你念，伸出小手去摸、去拍、去打，看见"字朋友"，就开心得不得了。

家里的幼儿图书也算是终于派上了用场，她时不时地扒拉出来一本，不分正反也不分前后地看起书来，有时还翻开来看看书的内页，远远望去，真像是一个爱学习的小学生！

妈妈私房话

不断有朋友询问，怎么教这么小的宝宝学字？看吧，我当时的方法是，"一手抱着她，一手指着字，还要看着字念给她听。"

孩子看字时，要让孩子的视线与字平行。孩子看着顺眼了才能不分神。有次去一个机构，一进教室我就发现那黑板完全是给老师准备的，小孩子坐在座位上平视过去只能看到黑板下边的边框，稍微抬头也只能看到黑板的下半截，要看上面的内容，必须再加大抬头力度。问题是，老师肯定习惯站在那里从黑板上方开始写字。我就问，这个黑板写了字是给谁看的？

14. 教育的力量

时光树：宝宝9个月

这段时间的一个显著进步就是她会自发地拿起书来看着玩，坐在我或是保姆的怀里。她今天一口气看了7本图画书和1本儿歌书，还不愿意起来。看着她专心致志、一丝不苟，又意犹未尽的样子，真是可爱之极，让人感动！

这是什么？这不是天性，这是教育的效果。没有我进行的这些教育和"刺激"，就不会有这个9个月大的孩子"天生"这样。我看在眼里，喜在心里。

妈妈私房话

后来笑笑开口说话了，会读中文书了，再后来会读英文书了，不止一次被人夸她语言能力强，说她有语言天赋。关于她有没有语言天赋，大家看看她1岁3个多月时我的日记就知道了。大部分人都忽略了教育的作用。如果你把笑笑定位为一个天才或是神童，那可就大错特错了。

每一个孩子都可以成为像笑笑这样的"有天赋"的孩子，只要你也用心去对待孩子，用适合的方法去引导孩子。笑笑从开始到现在，一直只是一个资质正常的普通孩子。如果非要说她跟别的孩子有什么不一样的话，那就是有一个不太一样的妈妈。我这样说，绝不是在夸耀自己，而是为了证明一个道理：只要方法得当，家长肯下工夫，小孩子都可以是"神童"。没有学不会，只有教不同！

没有哪个9个月大的孩子会天生这样！

15. 对书产生兴趣的三个阶段

时光树：宝宝10个月

汇报点学习（特指学习）方面的进展。按道理说，笑笑无论干啥都是在学习，对吧？

现在笑笑对图书非常有兴趣，经常会自发地拿起书来看。回想一下她对书的兴趣发展和形成的阶段大致是：

一、开始时，纯粹是把书当玩具，颠来倒去地看一会儿就随手扔掉，再拿别的玩具去玩，而且她十有八九是会把书倒着拿的。笑笑爸那时经常说她是个不折不扣的小文盲。

二、拿起一本书，会翻着看，有时是一页一页地翻，有时是一翻许多页，不管书有多大多厚都敢翻，翻来覆去地能看上十来分钟或是更多时间。远远看起来就像是真的在看书一样。谁也不知道她看了什么懂了多少，处于"半文盲时期第一阶段"。

三、拿起书以后非常乐意坐在妈妈怀里或身边，听妈妈读儿歌和古诗，一边听一边看着书，看妈妈翻页。最多的一次一下子听了70首儿歌，妈妈很高兴，以为她是听入迷了，低头一看，小家伙已昏昏欲睡啦！哈！头都歪到一边去了。不过，一般情况下，她投入地听个三五十首是不成问题的，专注地盯着书，看起来一副标准好学生的样子，很令人羡慕。这样的时候一天能有两次。我想，她仍然是处于"半文盲时期的第一阶段"，不知道什么时候可以再上升一个级别呢。

妈妈私房话

先把书当玩具，后开始翻书看里面的内容，再后来是把书里的内容和耳朵里听到的妈妈读书的声音联系起来，这样的一个过程，一切都是自然而然地发生着、变化着。

16. 笑笑的语言

时光树：宝宝11个半月

先说一下笑笑的运动能力，不谦虚、不客气也不骄傲地说，目前应该是属于同龄宝宝中的百分之几的几个之一。

为啥要先说运动能力呢？那是因为，从笑笑开始会走路，关于她的语言能力就存在两种说法：

一种是——"这孩子将来肯定说话也早。""为什么？""你看她走得这么早，那说话能晚吗？"

另一种是——"走路早的小孩说话要晚一些。""为什么？""一项能力提前发展了，另一项能力就会晚一些。""啥原因？""老天爷是公平的。"

除此之外，我知道的关于"天才儿童"的说话能力的两种说法：

一种是——说话早，早到让你不敢相信的早，早到几乎所有的人都认定他是"天才儿童"。有几天大就有意识地叫妈妈的，还有几个月大就完整表达自己意思的。

另一种是——说话晚，晚到让你不敢相信的晚，晚到几乎所有人都要认定这孩子是哑巴，突然有一天，他开口了，直接就是出口成章，一大段一大段地说，于是，几乎所有人都认定他就是"天才儿童"。

很显然，笑笑绝对不是说话早的"天才儿童"，值得庆幸的是，她也不是说话晚的那个"天才儿童"。我相信，她也不会因走路早而说话晚，证据如下：

(1) 从小到现在，没有一天不说话的，虽然说的全是她小人国的话哈！呜哩哇啦地说，唧唧喳喳地说，咿咿呀呀地说，大人听不懂，那是你水平太低，但人家是在说话呀。

（2）6个月后，开始发"妈妈"的音。后来，能有意识地发的音越来越多。

（3）10个月后的一天，能够说"咋办？"过几天，会说"不碍事。"

（4）上周五，伸手去抱玩具娃娃的同时说："来，我抱抱。"后来，一天之内又说出"美！""来吧。"

（5）"妈妈抱抱。""爸爸抱抱。"是经常说的。

所以，笑笑的语言能力我想是不需要担心的，让该来的自然而然地来就好。

分享篇：新手妈妈第一年的笑与泪

1. 0~3个月的教养建议

在让孩子吃好、睡好、长好的基础上，才有所谓的智力开发。

教育，一定要在家长心情好的时候进行。否则，请不要对孩子进行任何教育，只需让孩子吃吃、睡睡、玩玩就行。

要给孩子提供足够丰富的各种信息刺激，听觉的、视觉的、嗅觉的、味觉的。孩子接收到的信息量越大，内容越丰富多样，他的大脑就发育得越好，他的学习能力和吸收能力就会越来越强。

如果孩子爸爸或妈妈会说外语，那就可以尽早开始双语甚至是多语养育。家里如果有说方言的老人或保姆，不要限制他们说方言，方言同样也是一种语言。多一种语言信号刺激，对孩子只有好处没有坏处。

不管是几种语言养育，都要跟孩子多说，要坚持"对牛弹琴"地说。

早期阅读识字当然可以从 0 岁开始。

2. 教育就是培养好习惯

时光树：宝宝 29 天

教育，教什么，我心里很清楚。

育什么？育不只是身体上的养育，更重要的是在习惯养成方面。

我绝对不希望我的孩子挑食、多病，那就按照孩子不挑食、不多病的方式去培养她的生活习惯。

我绝对希望我的孩子性格开朗、热爱阅读，那就按照可以让孩子性格开朗并热爱阅读的方向去努力。

教育就是培养习惯！

3. 划出固定的学习时间

时光树：宝宝 1 个月

满月那天，我被恩准外出购物一小时。当回来打开房门看到她的那一刹那，心底里有样东西被触动，我在外时一直都在想她，我真是不舍得离开她，哪怕一分一秒！

已基本形成规律，教育只能在早上和上午进行。其他时间，睡觉、吃奶、洗澡，她都不安静，根本不可能学习。

固定的学习时间可以帮助小孩子形成条件反射，这一点非常重要。

4. 儿歌磁带的妙用

时光树：宝宝3个月

笑笑上午一反常态，没有在9点左右入睡，整个人精神得很，给她放上我自己录的康氏教材的《低幼儿歌》磁带，她一口气听完，要知道这可是一百首儿歌，四十多分钟呢！

在听的过程中，她时而咿咿呀呀地与那机器中的声音对话，时而停下来静静地聆听，时而笑着、叫着挥舞着小手小脚，甚是可爱！我忍不住的时候，会跑过去亲她几下。

我和保姆各自忙着做家务，有时我从她身边走过，会跟她说上几句话，逗逗她。保姆很羡慕我能这样轻松地放录音养孩子。

上午学习记录：字卡两遍、听儿歌100首、古诗20首、体操1遍、抱着跑300步。

12点多入睡，直到现在（16点多）。

从笑笑生下来，我就一直坚持给笑笑用凉水洗脸。保姆来后早上洗脸就交给她做，今天突然发现她在用热水，说水太凉了，她自己（保姆）受不了。于是，我又把这个给宝贝洗脸的工作接了回来。

5. 笑笑的百日成长记录

时光树：宝宝3个半月

过来人老早就告诉我百天会是个分水岭，百天后的孩子就会越来越好带了，于是，从她生下来我就一直盼啊盼啊，终于盼到了这一天。

笑笑的现状：

（1）可以翻身了，从仰卧到侧卧。如果不是因为天冷穿得厚，再到俯卧也不会有什么难度。

（2）俯卧抬头超过90度。让她趴在那儿，她整个一个两头翘，像一只弯弯的小船。

（3）爬的欲望愈发强烈，趴在那儿时小手小脚笨拙地舞动着、拨弄着，费力地想往前爬，嘴里也哼咻哼咻地使着劲儿。

（4）做被动操时有一节是躺着被大人拉着坐起来再放下，现在只要拉她坐起她就会干脆直接站起来，我试了无数回，都是直接站起来，不愿意坐，更不愿意躺下去。也不知这是好事还是坏事，反正我觉得挺好玩的。

（5）可以独处的时间越来越长，个把小时没有问题，再长的我没有试过了。独处时自己会玩得很开心。有一次她把小手从玩具车子边上的一个洞里伸出来，盯着研究了十几分钟，也不知最后是否搞明白了那只手到底是她的还是车子的。我在远处看着她，强忍着才没笑出声音来。

（6）说话的能力每天都在增长，以前我每次听到她发新的声音还会做个记录，这一周来我已不再做记录了，因为几乎每一天她都会发出新的声音来。

她自言自语的时间更多了，有时听她说得那么热闹，我会停下手头的事情，跑到她那里看究竟发生了什么事使她如此地兴奋？

与大人交流时，特别是跟爸爸，听起来还真像那么回事儿，如果爸爸说跟她一样的小人儿话，她就更加高兴啦！

（7）有意识的笑越来越多了。看到她的笑容，听到她的笑声，我所有的烦恼、劳累都会一扫光。

（8）开始认人了。

对生人视而不见、听而不闻，她姥爷出差十几天，回来后不管怎样抱她、亲她，买了多少新鲜有趣的玩具和图书给她，小家伙都丝毫不为之所动。姥爷抱着她看，她就把脸扭向一边，姥爷把脸凑过去，她又把脸扭向另一边，总之是不让看、不让看，就是不让看。姥爷喊她的名字，也是无任何反应，一直到姥爷每天上门来跟她套近乎"巴结"了她近一个星期，她才把他当成熟人对待。

对熟人会盯着看、追着看，还会搭话了，除我和她爸，已经跟保姆阿姨混熟了，会笑盈盈地盯着阿姨，对阿姨咿咿呀呀地讲个不停。

（9）睡眠。

晚上可以睡得更长了，一夜最多醒三次，有几夜只醒了一次。如果不是我奶水不足，她应该还能睡得更好一些。白天的睡眠，于无规律中终于形成了一些规律，阴天时她更容易入睡，入睡后只要她俯睡就可以睡得长，否则很快就醒来。

（10）学习。

对字卡百看不厌，一口气看上一百多张，目不转睛、聚精会神，时不时地发出声音来应和着，一天看上三五遍不成问题。有时看字卡甚至变成了我哄她玩儿的一种手段，她把看字卡当成了一件有趣的事。

对图卡同样是乐此不疲，我严格地控制着次数，一天只让她看两遍。题外话一句，目前我的苦恼是合适的图卡不容易买到，供不应求了。

对点卡还是兴趣不大，我一直没找到原因，唯一可以解释的是我们从一开始接触的就是黑色的字卡，所以对红色的点卡不感兴趣。但是这么大的孩子应该是对红色更感兴趣呀。或者是我还没有找到合适的方法？所以，点卡的学习已停了一个多星期。

儿歌、古诗的录音，每次听上百八十首没有问题，对故事明显没有兴趣，没有耐心听，或者只是听时情绪不好的缘故？

墙上贴的几张大的挂图是卡通画，她几乎不太去关注，只是对标题的字会盯着看。当我发现这个现象后，又故意试了好多次，不管我怎样声情并茂地吸引她看下面的画，她仍然只是仰着头往上看那些字。

对墙上贴的字，已不太喜欢看，看的时候很容易分心，不像开始时那样每回都会认真地看，后来，我把大部分去掉，只保留部分内容，她表现得稍微好了些，但效果仍不理想。我想，这可能是由于她的活动能力越来越强，视野越来越广阔，容易被其他的东西吸引，还有就是小孩子并不总是喜欢重复，已经耳熟能详的内容，再让她看，她就会烦。如果过几天还是这样，我就要把墙壁上的字全部去掉，不再进行了。毕竟，宝贝兴趣是第一位的。

以上记录虽然有些杂乱，但却是笑笑的百日大事记。不知道下一个百日，我的笑笑会是什么样了，期待……

妈妈私房话

点卡，后面我又尝试过，到最后也是以失败收场了。

卡通画，一直都没兴趣，现在已经10岁的她也很少看卡通片，这难道真的是由于在一开始给她提供的都是照片式的图片造成的影响？

6. 孩子的每一天都在成长着、变化着、进步着

时光树：宝宝4个半月

小孩子真是一天一个样，每天都在成长着、变化着、进步着。

记得两周前，我还对保姆说，笑笑醒着时，最好别让她的手闲着，那么多玩具，你要主动塞给她一个，让她握着玩，她拿不住也不要紧，掉了你再给她。

那时，笑笑还没有抓握能力，即便是抓握意识几乎也不存在。给她放手里的东西，几秒钟后就会松开。

现在的情况是什么样呢？

墙上贴的东西。有买来的大张图画，有我们给她写的汉字，抱着她去看，她会兴奋地凑上去，伸出两只小手，抓着纸边，用力地撕扯，配合着动作，嘴里还同时发出声音，表示她正在努力使劲。开始时笑笑爸不让她这样做，说那是辛辛苦苦写出来的，让她这样去抓烂撕破，太可

Part 1　0~1岁　千金不换第一年

惜了！我才不管他那一套呢，我振振有辞地告诉他，与孩子的能力发展比起来，那些纸张的牺牲是微不足道的。于是，墙上的那些纸已都是体无完肤。我们家看起来一派萧条景象。我准备这几天再换上一批新的。

玩具。你敢让她拿，她就会不由分说地拿起往嘴里送，用小舌头去舔，看起来不亦乐乎！所以，保姆的工作又多了一项，就是每天给玩具洗澡、消毒。

以上还都不算什么。她最喜欢抓也是抓得最有水平的，竟然是我的头发。当我面对着抱她时，她两只小手很自然地抓住我两边的头发，用力地扯着，嘴里还叫着；当别人抱着她在我身后时，她会一把抓住我的头发，再打上几个转，转着玩，疼得我鼻子发酸，眼泪都要流出来了。于是，每一次都是我连忙求饶，费力地又小心翼翼地掰开她的小手，赶快塞给她一个替代物，来转移她的注意力，我才能脱身。我粗略数了一下，平均每天至少要拽掉我10根头发。

笑笑爸可恶的振振有辞地说："与孩子的能力发展比起来，你的牺牲是微不足道的。"

妈妈私房话

有次跟朋友一起吃饭，他孩子1岁多点儿，刚刚学会走路的小孩子到了新环境很是兴奋，在房间里转来转去，发现我手里有个空矿泉水瓶子，伸手来要。我顺手给了他。那孩子可能从来没有见过这样的瓶子，只见他拿着瓶子就去啃。说时迟那时快，只听孩子爸爸一声大叫："不能吃！"孩子闻声，立即乖乖地把嘴巴挪开，低下头去了。另外的朋友都在夸这家孩子有家教。

我不合时宜地建议说，其实，啃咬只是这个年龄段孩子探索未知事物的一种方式，没必要这么大惊小怪，让他啃一下他就知道那个瓶子，第一，不是食物，不能吃；第二，质地是介于软硬之间；第三，没有味道。下次，他再看到类似物质他心里就清楚了啊。大人这样做其实是剥夺了孩子自己学习了解新事物的一次机会。

听到这里，孩子爸爸说，卫生最重要。见在此话题上无法沟通并达成共识，我啊，就赶紧转移话题啦。

7. 给笑笑的期末评价

时光树：宝宝5个月

以下内容纯属搞笑、自娱自乐。不管你是谁，看了不许笑呀！这是由学生、同学、老师、家长共同完成的。具体如下：

一、笑笑的自述

我的家庭：我爱我的家，因为爸爸、妈妈爱我。

我的愿望：希望能够快点儿长大。

生活中的我：最喜欢到处看。这世界实在是太奇妙了！每一天我都会发现许多未知，到处看来看去能帮助我多认识事物，把知识面拓宽，我还能从中找到很多乐趣。

我最崇拜的人：妈妈、爸爸、阿姨（日常接触的只有他们仨）。

我为自己感到自豪：我每一天都在成长，都在进步。

我的烦恼：由于我年龄小，很多事情都需要大人帮我才行，特别是拉屎、尿尿这样的事，不管怎么说，我也是个女生，这真是让我害羞呢！

我还有一个最最最最严重的烦恼，那就是大人每天只让我吃奶，这些日子稍微好了些，可以吃一些蛋黄、米粉、果泥、果汁、菜汁了。可是，每当大人们吃饭时，那么多香喷喷的好吃的饭菜馋得我哈喇子直流，尽管我一再"啊、啊、啊"地叫着争取，可大人们总是说："宝宝，等你长大了，这些好吃的东西才能让你吃，你要快快长啊！" My God！我什么时候才能吃那些美味佳肴?!

我的学习：现在能让我产生兴趣的东西太多了，所以我没有以前专注了，妈妈对此既高兴又不开心。以后，我要争取做到该学时学，该玩时玩。

二、同学的评价

（1）你最近一段时期比以前胖多了，要注意控制体重呀！我可不喜欢胖女孩。(一个小男生)

（2）上次见你，我们友好地拥抱在一起，你虽然比我小半个月，可是你真的很棒呀！(一个比我大半个月的小姐姐)

（3）你的外交水平很高，对任何人，不管男、女、老、少，都能够开展热情洋溢的对话，这很值得我们家小朋友学习。(小区里某位与我同龄的小朋友的家长)

（4）你的身体很棒，总是穿得比我少，这让我很羡慕。(与我年龄相仿的一些孩子的心声)

三、成绩及老师的评价

（1）语文：生字、儿歌、故事、古诗四项全优。

教师评价：出色。

语文老师的话：你是个与众不同的孩子，很有个性，只要遇到问题就会打破砂锅问到底，非弄明白不可。你爱好广泛，在学习上有股钻劲。你吸收知识的能力令人惊讶。你回答问题时的表情让老师感受到你对知识的渴望。老师喜欢看你高高举起的小手，喜欢看你兴奋的笑脸。希望你在发扬优点的同时，也要克服你自身存在的一些问题，努力争取成为一个德、智、体全面发展的学生。

（2）数学：开始时进行得不太顺利，目前处于暂停状态。老师准备在春节后再继续开课。

（3）外语：五颗星（最高级别）。

教师评价：你的水平远远超过你父母和老师我本人，你的语言绝对是百分之二百的外语。我们都听不懂。我真心佩服你！

（4）音乐：合格。

教师评价：你真是一个出色的小女孩！下学期继续努力吧！

（5）体育：合格。

教师评价：你对体育活动兴趣浓厚。

（6）美术：目前仅停留在对美的事物的观察阶段。老师没有评语。

（7）自然常识：合格。

教师评价：聪明好动的女孩，知识面广，动手能力也挺强。

（8）生活劳动：目前还处于剥削阶级阶段，纯粹的衣来伸手，饭来张口。

教师评价：希望在下学期能够有大的进步，使你的家长和老师能够轻松一些！

（9）个人及社会。

教师评价：你是个充满欢笑和乐趣的孩子。你常常对老师表达自己的想法、主意和感受。你总是很坦率地表达自己。这短短的几个月内，你表现得越来越独立，而且你对自己的成就很自豪！你时常展示出对自己的信心和对自己能力的自豪！你在小区里有很多朋友，并很喜欢同他们交往。

四、家长的话

宝宝，你明显地长大了，独立了。你能热情地组织各项室内活动，学习自觉性也显著增强。

你聪明、美丽、活泼、热情、善良、兴趣广泛。爸爸和妈妈为拥有你这样的小天使而感到幸福和骄傲！

这四个多月里，你在各方面的进步是非常显著的！我们很高兴能够在你的成长过程中起到积极和促进的作用。在接下来的日子里你一定要继续努力！争取百尺竿头，更进一步！

妈妈私房话

今天，作为一个10岁孩子的妈妈，回过头翻阅当时的记录，我看

Part 1　0~1岁　千金不换第一年

到的是一个妈妈对孩子的充满了她全身每一个细胞的爱,无条件,"无原则"。妈妈眼里看到的都是美好。

跟孩子一起成长的过程中,我多么希望常有时间回头看看啊,这样的回顾可以帮助我一直抱持那颗最初的、最最柔软的妈妈心。

8. 最简单的味道养成最好的胃口

时光树：宝宝11个月

孩子的胃口是天生的?遗传的?还是后天培养的?我不知道答案。幸运的是,我时常为笑笑的好胃口发愁。

早上6点240毫升奶;

上午9点150克水果;

上午10点30分一碗鸡蛋羹(1个鸡蛋加少许青菜);

下午2点150毫升奶;

下午4点30分满满一碗面条或馄饨(250毫升);

晚上7点30分120毫升酸奶或一块奶酪或一小碗稀饭;

晚上9点30分240毫升奶。

每天还有500~600毫升的水,以及大人吃饭她来凑热闹吃的一些(不多)。

上午、下午各睡一个半小时,晚上睡八九个小时,一觉到天亮。活动量较一般孩子大,从会爬以后就没见她闲过。

我时常会忍不住去想她为什么会有这么好的胃口?

从开始到现在,我给她的食物都是最简单的、最原始的味道。米粉是原味的,奶酪是原味的,酸奶是原味的,鸡蛋羹、面条、馄饨都只放少量盐,不加任何调料。从能吃新鲜水果开始就不再给她果汁,除了喝奶,只喝白开水和绿豆汤,绿豆汤不加糖。

我想这样孩子就可以保持最敏感的味觉，品尝到食物最根本的味道。她以为世上的食物就是这样的，她没有接触过更丰富的味道之前已习惯了这简单的味道，很自然，她就会养成好胃口。

幸运的是，像我想的那样，孩子胃口出奇的好，不管是多么没有味道的食物也能被她吃得津津有味。保姆也认为她好养！

我准备等她满一周岁以后再逐步提供给她更多的味道选择。这样，孩子的嘴巴不会被我喂刁，我对自己低劣的厨艺也不需太过发愁。

9. 惊人的创造力来自哪里

时光树：宝宝11个半月

一个纸箱创造出7种玩法。

好像突然间，笑笑发现了DVD的包装箱。于是，这几日那箱子成了她的最爱。在看了"超女"之后，我仿佛看到笑笑对着箱子，大声唱"我的心里只有你没有他，你要相信我的情意并不假"。

她是这样玩的：

（1）搬运

双手搬起，一边走，一边还喊着号子"哈——哈——啊——啊——"，要么是给妈妈送，要么是给爸爸送，再要么就是给阿姨送。你接到了，不由得夸她："宝宝真能干！真棒！"

最搞笑的是，昨天来了客人，笑笑很开心，抱着那纸箱，飞快地走到客人面前，向客人递去。

（2）推拉

趴在地上，把纸箱推来推去地玩。拉着纸箱一角，有时碰巧了她会拉到塑料把手，就拉着在屋子里到处闲逛。

(3) 舞台

把箱子平放在地上，站上去，跳舞。

(4) 凳子

把箱子平放在地上，坐在上面玩。昨晚发明出的新玩法，把箱子放好，她背对着箱子，向前走一步，后退到箱子边，一屁股坐下去，有时刚好坐到箱子上，她就开心地笑；有时，坐空了，她一屁股坐在地上（我想应该有些疼吧，毕竟是"咚"的一声），她仍然是开心地笑。

(5) 床

把箱子平放在地上，趴在上面歇会儿。

(6) 台阶

想到电视柜上，把箱子放到电视柜边上，先上箱子，再上柜子。

(7) 探索与发现

打开箱子，伸手进去掏里面的东西，掏出来就往地上一扔，掏光了，看看没啥东西了，再往箱子上站。箱子瘪了，不好玩了。

结束。

转向下一个游戏。

她自得其乐地玩，玩得不亦乐乎，令你不得不服！

妈妈私房话

试想，如果在一开始，只需要告诉她一句话："宝贝，这是废品，很脏的，不能玩。"你就可以消除后面这一切的想象力和创造力发展的可能性。

试想，如果孩子没有通过绘本阅读发现天上的云彩像小白熊，天上的云朵可以做面包吃，天上的云朵可以看做是万马在奔腾，想象力和创造力又从何而来。

不受限制的思维，不受干扰的动作，给小孩子的发展以无限可能！

10. 一周岁总结

时光树：宝宝1岁

早上一睁眼，我就问："你几岁啦?"小家伙一点儿也不迷糊，笑眯眯地伸出食指来向我示意，"我一岁啦!"

是的，从今天起，笑笑已正式进入幼儿期，享有各种无理特权的婴儿期结束啦! 我心里暗自说，哼! 小家伙，一岁后，看我怎么"收拾整治"你。

一年的时光，就这么过去了，好歹写个一岁总结吧。

(1) 身高80厘米，比出生时长了30厘米，按照50厘米+25厘米的生长标准来算，超额完成任务；体重22斤，按照7.6斤×3倍来算，也算基本达标；

(2) 大运动能力：能行走自如，会爬高上低，几乎会跑了（当她急于追上你或是非常开心时），会跳摇摆舞，会跳踢踏舞（当她穿着一双会响的鞋时），会跺脚，会爬上爬下（大床、沙发、妈妈的身体，任何一处都如履平地）等；

(3) 精细动作和适应能力：拇指、食指动作熟练，会打开和盖上瓶盖，打开盒子拿里面的东西，会一页一页地连续翻书N次以上（像模像样地看上十来分钟的书）等；

(4) 语言能力和社交能力：

①听得懂的比说出来的多得多。

认识家中的许多物品，电视、冰箱、煤气灶、抽油烟机、镜子、开关、电灯、画、花、空调、门、窗等。认识许多人，爸爸、妈妈、阿姨、姐姐、舅妈、外公、外婆等。听得懂很多话，要东西知道给，把书拿来，把鞋子拿来，把这个（某玩具名）递给妈妈等。对身体部位的认识有头/头发、耳朵、鼻子、眼睛、嘴巴、肚子/肚皮、屁股、手、脚；

②喜欢和大孩子玩，大孩子也喜欢跟她玩，经常被某个大姐姐（有 3 岁、4 岁和 5 岁的）牵着手满院子玩，已经有了几个小"粉丝"。有时看见生人会拍手欢迎，看演出（不管是电视的、剧院的，还是小姐姐们表演的）时会给喜欢的节目送上掌声。会做鬼脸（挤眉弄眼，鼻子耸起来）逗人，也会歪着头笑着看别人（歪着头都要挨着地了才罢手）等别人笑着看自己等；

（5）独立能力：自己能做的事自己做，自己不能做的事也要自己做，比如吃饭，总是拿着小勺在碗里搅来搅去，不让她搅她还不乐意。自己可以玩上半个钟头之多，如果不是你打扰她（比如有时要把她尿）可能会更长一些，她也不会打扰你；

（6）闹人能力：翅膀硬了，脾气自然大了，从开始时我们怀疑她为什么不爱哭，到后来难受时会哭上两嗓子，再到现在时不时地哭两声，动不动地哭几下，从真哭到假哭。假哭纯粹是为了要挟你，先是看着你，干嚎，眼都不用挤，你没反应，她就挤眼，你再没反应，两三分钟之后，她要么就不哭了，注意力转移了，要么就是哭得悲从中来，假的升级成真的，于是，大人就会投降啦。

我能想起来的也就这么多了，有遗漏之处以后再补哈！

笑笑人生的第二年，就从今天开始啦，来个新年寄语吧：

我希望——笑笑能够开开心心地度过人生中最最纯美的这几年，能够健康快乐地成长，长成一个身体健康、心理健康的可爱的人。

我希望——我能够更加的温柔、坚强、冷静、理智，能够配得上笑笑，努力做笑笑的好妈妈，用心陪笑笑走过这段于她于我都是千金难买的美好时光。

1周岁前的教养总结：

（1）要科学育儿，更要快乐育儿。

（2）身体发育是基础。三翻、六坐、八爬，至少要努力达标。

（3）要及早为孩子牙牙学语做准备。有付出，就有收获。要先付出，要给孩子大量语言信息的输入，将来才会有孩子的大量输出。等孩子一开口说话，你会发现家长之前在孩子脑海中存储了什么，孩子就会给你倒出来。

（4）爱孩子，无条件无原则的爱。给孩子足够的安全感，这样孩子与母亲之间才会有良好的依恋，孩子与母亲之间才会有良性互动，一旦这良性互动的关系建立起来，你想不让孩子听话，也难！

1周岁前的教养建议：

（1）到自然中去是最好的养孩子的方式。保证每天足够的户外活动时间。

（2）让孩子赤脚吧，健身又健脑。

（3）尽量让孩子早一天会爬。

（4）让孩子用人类进化的方式去爬行，他会自然而然地站立起来，并开始向前迈步走。什么学步车、学步带，根本就没有必要。

（5）让孩子在自然的环境中成长。在安全的前提下，不要对孩子做任何限制。要让孩子自由地探索、发现和学习，过多的保护只会限制和束缚孩子的发展。

（6）粗养细教。不要太讲卫生。如果太讲卫生，孩子和你都会失去很多乐趣。

（7）给孩子最自然、最简单的味道，让他有个好胃口。

（8）和孩子一起享受学习的过程。不管能不能达到惊人的学习效果，在1岁以前，是大脑发育成长的最最重要的时期，多多给孩子各种信息刺激，总归是有好处的。

Part 2

1~2岁 至关重要第二年

理念篇：教幼儿英文其实很简单

1. 全职否

时光树：宝宝1岁1个月

该不该做全职？要不要做全职？能不能做全职……这些都不是我要考虑的事情，我已经"非典型性全职"一年有余了，并且还会继续下去，至少到笑笑满两周岁。"非典型性全职"的意思是我在外人眼里看起来是全职状态，但事实上，我在做一些兼职工作。

说起全职，别人看来，必备条件不外乎：

（1）家庭经济情况良好，老公挣钱多；

（2）家人支持，主要还要老公在经济上给予大力支持；

（3）爱孩子并重视孩子的教育，想把孩子培养成某某式的人物；

（4）工作不咋地，上不上班对单位、对自己、对家庭的影响都不大。

其实，现实和理想当然是有很大的差距的。

我尽我所能的以全职状态陪伴孩子成长，只是因为：

（1）爱孩子并重视孩子的教育，想把孩子培养成身体健康、心理健康的快乐的人，在这一点上，我希望笑笑至少要比我强。我想在孩子三岁前给她一生智力和非智力品质的发展打下好基础。

自身的一些经历让我知道，跟家长学历和收入高低比起来，家长重视孩子教育与否，有没有掌握正确的教育原则和方法，后两者对孩子的成长更重要。如果学历和收入都高，那就更是锦上添花了。锦上添花的事我做不来，所以我更要尽心尽力。

Part 2　1~2岁　至关重要第二年

（2）非常"凑巧"的是我和笑笑爸两边的老人都不能在养育笑笑的事情上给予我们帮助。哦，不对，笑笑爸的父母可以，前提是我同意把笑笑送到乡下老家，他们愿帮我们带到笑笑可以回城上幼儿园。可是，我不愿意。

（3）我想，养育孩子就是一件麻烦的事，我现在多麻烦麻烦自己，等笑笑以后各方面都上了正轨，我就可以少好多麻烦，那时我就可以更好地投入到工作中去了。

其实，我要克服的最大困难就是经济问题。万幸的是我可以一边带孩子一边做兼职，否则，笑笑满一周岁我就必须去上班了。

东一榔头西一棒槌的扯了这么多，我想说的只是，做全职是因为我觉得应该做，很多人眼里的必备条件，我并不具备。我都可以，你想的话也一定可以。所以：

如果你想，来做全职妈妈吧，至少在宝宝最最需要你的体外胎儿期，在他生命的第一年；

如果你想，来做全职妈妈吧，亲眼看着宝宝学走路、学说话，至少陪他走过人生的前两个年头；

如果你想，来做全职妈妈吧，在他能够让你"三岁看老"的前三年！

贝塔：

看了《天使在人间》，笑笑妈一个人带宝宝真是辛苦又幸福啊！我的全职计划现在还没有实现，宝贝越来越粘我，每天我去上班都哭得撕心裂肺，但工作上老板又给了我培训机会，我真是矛盾啊。家里我妈、我婆婆不是说带的不好，但毕竟她们年纪大了，能给宝宝吃好、穿好已经非常不易了。宝贝现在学东西也是非常得快，但没人教啊。婆婆还有神经衰弱不能刺激，老公又面临公司被兼并和裁员的可能……我真是烦啊。还好我们家天使是我的支柱，每天晚上搂着他的小胳膊、小腿儿真是幸福。我是个不称职的妈妈，对不起我们家宝贝……

笑笑妈：

不是非要全职不可，我时常会羡慕家里有人帮忙带宝贝可以上班的妈妈呢。有人为你操持一切杂务，你回家后只需全力投入爱宝宝就可以了，不是吗？

跟孩子的成长比起来，个人的发展也是非常重要的，一个成功的职业女性，对孩子也是一个很积极的影响！

妈妈私房话

自己的孩子自己养，这是天经地义的事情，不存在牺牲不牺牲。如果很幸运有老人可以帮忙，那就知足吧，不要再为老人育儿观念及生活习惯等方面的差异而苦恼了。

这几年我经常跟带孩子的老人聊天，发现对不少孩子的妈妈，不管是媳妇还是女儿，老人一提起来，那是叫苦连天、抱怨满腹！辛辛苦苦帮她带孩子，还总是被说这样不对那样错了。

请年轻的妈妈们想想清楚，现在是老人在帮你，你不但不考虑老人身体和心理上都需要颐养天年的实际情况，还对老人提出这样那样的高标准严要求，不客气地说一句，你实在是个不孝又自私的人！

尊重老人是最基本的礼仪，这是你给孩子树立尊老爱幼的最好的言传身教。育儿上有分歧，理性沟通，不求老人转变，只求和平共处。心态上不抱怨不指责，对长辈常怀一颗感恩之心。

2. 学会倾听：如果宝宝会说话

时光树：宝宝1岁1个月

如果宝宝会说话，她一定会在超市购物回来后告诉我："妈妈，我又饿又困，我想吃，我想睡觉。"虽然还不到她的吃饭时间，更不到睡觉时间。

如果宝宝会说话，她一定会在我累了不想做饭就胡乱拿个蛋黄派打发她时告诉我："妈妈，我没吃饱，我还想吃。"虽然我觉得那个蛋黄派足以顶得上她每晚的一碗稀饭。

如果宝宝会说话，她一定会在吃了蛋黄派，喝了一大杯凉开水，又睡了大半个小时醒来之后告诉我："妈妈，我是被饿醒的。我要吃，我还要睡。"虽然我以为她只是小寐了一会儿，打了个盹儿而已，我以为离她正式睡觉还有好长一段时间呢。

如果宝宝会说话，她一定会在因又饿又困而哼哼唧唧，因我不得要领地试图通过故事、玩具来哄她时告诉我："妈妈，这些都是没用的，我就是饿了困了，我只是饿了困了。"虽然哄她哄不好的我已接近发火生气的边缘。

如果宝宝会说话，她一定会在我试图再次喂她一大杯水时大声告诉我："不，我要吃奶！"虽然我喂她水，她仍然在喝。

终于，宝宝抬起头，停下来，不再喝水了。她指着奶粉罐，啊啊地叫着。

于是，我终于明白，她是饿了，我手忙脚乱地为她冲上240毫升的奶。

在这个过程中，她像一头看见猎物的饿狼一样，嘴里喘着粗气，小手伸向奶瓶，一副迫不及待的猴急样子。

好了，搞定了，她双手抱着奶瓶，咕嘟咕嘟地吃着。我抱起她，把她放到床上。宝宝心满意足地喝着，中间还停下来哼哼了几声，一副惬意的样子。

好了，一切都搞定了，从喝奶到入睡只用了几分钟的时间。

唉！我真是个笨妈妈！不知道我每天要犯多少类似的错误。

妈妈私房话

小宝宝还不能用语言表达心中的想法时，大人多么容易凭主观臆断犯各种错误啊！枉我还自诩为跟宝宝沟通无障碍的好妈妈。汗颜！

3. 不要片面听信理论

时光树：宝宝1岁5个月

此时此刻，我心中充满的全是喜悦！我对笑笑的识字量已胸有成竹啦！我气定神闲地教她，时不时享受着她带来的一个又一个惊喜！

除了字的认识，笑笑对阅读始终有饱满的高涨的热情。一口气听上几十个故事或是上百首儿歌都没有问题，谁说这么大的孩子注意力只能集中三两分钟，那只能证明他盲从理论不顾事实。

我的产后抑郁症已痊愈了。笑笑就是我抑郁症康复的灵丹妙药。感谢上帝！

妈妈私房话

社会在发展，时代在进步，小孩子的情况也在变化。很多时候，理论跟当下的现实有一定差距。

另，请千万别被"几十个故事"和"上百首儿歌"吓倒！几十个故事，都是适合一岁宝宝听的那种超级短小的故事，总时间也都在三十分钟内。上百首儿歌，也是。

4. 要慎重走好孩子教育的每一步

时光树：宝宝1岁半

嫂子来我家，笑笑一再要她讲故事，同时还拿书给她。嫂子看笑笑这么爱听故事，直说我是有耐心的好妈妈，说我为孩子付出的一切是值得的。

其实，就我看来，笑笑今天的学习状态总体欠佳，这与我没有准备和计划好、没有足够的新材料给她有关。

1 岁半以后的教育更是要慎重地走好每一步！

妈妈私房话

宝宝每个阶段都有不同的特点和需求，做家长的要和孩子一起成长，紧跟上宝宝成长和发展的脚步。

孩子成长的基石每天都需要家长用心铺垫。每一步都需要慎重对待。

5. 只要耳朵在他就一定在听

时光树：宝宝1岁7个月

回贝塔：上班族妈妈怎样做力所能及的教育

如有可能，请家人白天多放一些儿歌和故事的 CD 给宝贝听吧，不管他在做什么，不管他有没有认真听，只要耳朵在就行。他正处于语言输入关键期，只有前期大量的输入，才有后来源源不断的输出，这是我对笑笑语言能力发展的一点感受。电视、VCD 和 DVD 少看为妙。笑笑刚开始看视频不久，而且平均一天也就看个二十来分钟，看了一段时间很熟悉碟片后，我会把视频关闭，只让她听声音。

你回到家中，一定要坚持每天都要做一件事，就是给孩子阅读。相信这过程于他于你都是享受，而且这享受之外的巨大收获，是你今天根本就想象不到的。

相信我，听我的，没错。

妈妈私房话

我建议，孩子两岁前最好不接触电视、电脑和视频。我当初给笑笑看电视是她一岁半后,当时有一套风靡全球的《小小爱因斯坦》的视频节目,因为不想让她过早接触电视,忍了很久才给笑笑看。几年之后,《小小爱因斯坦》被美国儿科学会点名批评,经研究证明这套产品对低幼儿大脑发育的负面影响远多于宣传中提到的益处。看,我们家长的每一次选择和决定,都关乎孩子的成长。再后来,笑笑看电视就是为了看动画学英语,她一直不看中文电视,她看电视的时间严格控制在每天平均20分钟,这个习惯一直持续到她上小学后。

6. 上班族妈妈找什么样的人来带孩子

时光树:宝宝1岁9个月

与一个妈妈聊起另一个孩子的变化,我们一致认为,看孩子、带孩子的人很重要。那孩子现在换了奶奶带,奶奶性格开朗又开明,放手让孩子做事,孩子就越来越开朗能干了。想想两个月前,每次见到她都是郁闷不开心的样子,小脸儿紧紧地绷着,说话都不会大声点。

妈妈私房话

性格开朗外向,心态开放平和,这样的看护者,不管是保姆阿姨还是爷爷、奶奶、外公、外婆,都会给孩子很多正面积极的影响和引导。

7. 妈妈与奶奶,带孩子有什么不一样?

时光树:宝宝1岁9个半月

小区里一位全职妈妈带宝宝来我家玩,她家是男宝宝,比笑笑小四十多天。说起这俩孩子,两个妈妈共同的烦恼竟是孩子一点儿都不刁钻古怪、胡搅蛮缠,道理一讲就通,有很强的规则感,搞得我们大人根本

Part 2　1~2岁　至关重要第二年

就没机会跟他们斗智，觉得很是失落。甚至于我们还这样想，从孩子的角度看，没有机会去肆无忌惮地胡闹，是不是也是一种遗憾？

你说这是啥心理，哼！标准的站着说话不腰疼。

妈妈带的孩子，与由奶奶们带的孩子相比，有几处差别：

我们的孩子不能随时随地跟任何一个小朋友玩在一起，他俩是有选择地接受玩伴。别的孩子因为大人们很喜欢聚在一起聊天，孩子们一起玩的机会就多得多，就很容易接受新玩伴加入。小朋友们一起玩的机会多了，对类似如何抢夺别人的东西和怎样保护自己东西这些生存常识，根本就不需要家长教了。

我们总想让孩子的时间过得丰富些，想方设法地变着花样的跟他们玩，老害怕小人儿精神空虚，因此就造成孩子在外面自由自在满院子跑着玩的能力不强，一旦他觉得没啥好玩的，就会提出"回家吧"，想回家玩更有趣的游戏。别的孩子呢，老早就自己满院子跑着玩，即便看来好像只是漫无目的地转着圈子。

教育观念方面，没有深谈。她给宝宝报了两个早教中心课程，一中一西，不到一岁就开始去上早教课了。我呢，对外宣称自己是早期教育的身体力行者。

看看身边这批与笑笑同龄的孩子，大部分家庭的育儿之"苦"都是由祖辈在承担。也许是老人心疼自己的子女，也许是子女工作真的过于繁忙而精力有限，许多孩子甚至从生下来开始连睡觉都是跟爷爷奶奶一起的，所以，孩子父母其实只是"钟点工父母"，每日下班后跟孩子见个面说会儿话，到点就走人。

总结下来，全职，太苦太累；全交给老人带，孩子某些心理上的需求无法被满足。所以，最理想的模式就是和老人分时段带孩子，当然，前提是老人按照我们的观念带。这样的模式，想想真是令人羡慕！

妈妈私房话

如果上班族妈妈可以做到下班后全身心地投入到与孩子相处的每一分钟，坚持做高质量的家庭教育，自身事业的发展与孩子的成长两不误，那更是令人敬佩！

8. 家长的态度决定一切

时光树：宝宝1岁11个月

七田真的幼教精神，我要时刻铭记于心底：
（1）不看孩子的缺点而赞美其优点；
（2）不看现在已完成的结果而看过程；
（3）不以完美主义教育孩子；
（4）不和其他人比较；
（5）不以学识为主要教育，而是培养孩子的个性；
（6）视孩子现在就是一百分。

9. 宝宝语言发育与早教

时光树：宝宝1岁11个月

笑笑妈：

某日跟一位邻居谈到了小宝宝的口语发展。发现许多家长心态很好，认为孩子大了自然会说话，早说晚说没什么区别。话是这么说，道理也没错。不过，我觉得是不应为说话的早晚焦虑，但需要适当重视这个事。

一个宝宝如果完全是因为家长忽视，造成了语言能力明显落后于同龄大部分孩子，尽管家长也觉得孩子说话有些晚了，但身边总有这样的

Part 2 1~2岁 至关重要第二年

观点宽慰她，"孩子说话晚是正常的，一开口说肯定就是说整句的话了。""小孩子说话早了有什么用，长大了还不都是一样。""某某家的某某不也是这样的吗？有啥好操心的，孩子不是什么话都能听懂吗，没问题"……

大家都这样说，自然错不到哪儿去。但是能让孩子早一些用语言跟大人交流沟通，不再以各种调子的嗯啊哦咦哎来表达自己的想法，不是更好吗？

有一天，我跟这个宝宝的妈妈大讲特讲了一番我的建议，据说她之后又跟孩子的爸爸转述了一下，同时自然而然的，也让白天带孩子的爷爷奶奶听到了一些。

从此之后，捷报频传，今天是她孩子会说什么什么话了，明天是爱看书了，后天又是早教班坐得住了，孩子愿意看着大人眼睛跟大人说话，大人喊孩子时她会听了等。孩子现在会说一些词语，会说类似"阿姨再见"这样的话。让我和这妈妈高兴的也是最重要的是，孩子在开口说，愿意跟你说，愿意听你说，愿意学你说。

所以我说，家长的态度决定孩子的一切！在他人生的早期，孩子还不具备判断识别、选择决定的能力时，家长的选择对他的一生是举足轻重的。

所以，请妥善使用您代孩子行使的选择的权力！

蓉儿爸：

笑笑妈说得真好！家长的态度决定一切！确实如此哦！

有的家长对孩子教育了，有的却不重视；有的是正确的重视，有的是错误的重视！所以我们会发现好多现象，有的父母教育严格，孩子却不爱学习，有的父母从来不管孩子，孩子却特听话，学习也好，为什么呢？

如果说每个孩子的天赋都是100%的话，那么不进行专门教育的，但也从来没有受到父母成长扼杀的孩子，他将表现出自己60%的天赋；

如果进行过，却是错误教育的，受到成长扼杀的孩子，他的大脑只能在抵抗中顽强地存活30%的天赋！像笑笑妈所说和倡导的早期正确教育，将会开发孩子90%甚至是100%的天赋！

但事实上，大部分家长都是在早期不重视孩子的教育，而在上学后却又是进行错误地重视！所以孩子们的智力大都没有被开发出来，大都被扼杀掉了！所以我们永远生活在一个普通人的世界里！

但愿我们的社会在发展，孩子的教育也在发展，向正确的方向发展，那时我们就真得不用再向往将孩子送去美国哈佛读书了，因为我们的"哈佛"也有了，而且更棒，更好，更伟大！

笑笑妈：

真高兴遇到蓉儿爸妈，两位志同道合的朋友。

同意蓉儿爸的话，"错误的重视"还不如不重视，就让孩子自然放养，他还未必那么差劲！

"大部分家长都是在早期不重视孩子的教育，而在上学后却又是进行错误地重视！所以孩子们的智力大都没有被开发出来，大都被扼杀掉了！所以我们永远生活在一个普通人的世界里！"

现代人养孩子是把次序给颠倒了。特别是有些家长，他们自己不愿意学习，只凭已有经验来判断、来决定孩子的教育，实在是让人为之着急。等孩子大了，各个关键期错过了，升了小学，面对统一的评判标准了，家长才发现自己当初的决定错了，耽误了孩子宝贵的童年，那时候，就真是悔不当初了！可是，这个世界上，花钱买不到的第一个东西就是后悔药！

Part 2　1~2岁 至关重要第二年

方法篇：双语并行、触类旁通

1. 完整看完32页的故事

时光树：宝宝1岁

第一次完整看完32页的《好饿的小白熊》。她没有不耐烦地往后翻看，而是在认真听讲的同时眼神跟随我指的图画中的具体内容。如果她对某些内容感兴趣，会自己翻到那一页要求我再讲给她听。

2. 实物与字卡，识字与生活

时光树：宝宝1岁

起床后从卧室出来，笑笑一下子就发现屋里多了一些东西，是什么呢？

笑笑走过去，伸出小手摸，我告诉她："这是电视。"笑笑摸摸电视，再摸摸电视机上的字卡，然后开始尝试把字卡撕下来。这是我意料之中的事情，所以我早已用胶带把那字卡贴得要多结实就有多结实。笑笑费了半天力气，字卡依然纹丝不动。哈！"魔高一尺，道高一丈"。

笑笑转向下一个目标，"这是空调""这是房门"……笑笑发现她一夜之间又多了很多"朋友"。

看得出，她很喜欢这些新"朋友"，走来又走去，走去又走来，指着让我念给她听。

笑笑爸问："宝宝，电视呢？"她吧嗒吧嗒地跑到电视机旁，伸手去指着那字卡，一下一下地点着，还像模像样的呢！

妈妈教出3岁双语小天才

妈妈私房话

　　字卡与实物对应，让宝宝认物与认字同步，也让识字与生活紧密相连，小宝宝根本不知道她在学习时就顺便把字给认了。

3. 喜欢听妈妈读书

时光树：宝宝1岁半个月

　　喜欢上了康氏教材的《低幼儿歌》，有三次主动拿书来要求读给她听，虽然只有第一次全部听完了，后两次听着听着就被书上的插图给吸引着忙不迭地往后翻去。她在听的同时随时指认已熟悉的动物和事物。

　　听《好饿的小白熊》两次，会做书中的某些动作，吃云彩团子时，她也伸手抓着书上的云彩往嘴里送；用长长的捉虫网捉云彩时她就会伸出小手从捉虫网的下面一直指到最上面，捉到云彩后发出"哦"的一声，像我讲给她听的那样喊："哦！捉到啦！"

妈妈私房话

　　给这么小的宝贝读书，只是干巴巴地读文字，宝贝不会买账的。活色生香地读，随时把阅读和认知结合，让宝贝有机会多多参与到读书过程中来，才会被宝贝接受和喜爱。

4. 鳄鱼跷跷板

时光树：宝宝1岁1个半月

　　给笑笑读儿歌，到"鳄鱼跷跷板"时，笑笑本是站在我身边的，我大腿跷到了二腿上坐在沙发上，她突然就坐到我跷着的那只脚上。我觉得很重很沉，就不让她坐。可她抓住我裤子不放，我只得伸手去拉稳她，让她坐好了，接着读"骑上鳄鱼背，摸摸鳄鱼嘴，鳄鱼跷跷板，不会咬你腿。"

嗯？这家伙是要坐跷跷板吗？我问她："你是要坐跷跷板吗？"
"嗯。"

好了，我给她当起了跷跷板，一上一下地跷着脚，笑笑开心极了，咯咯地笑着。我呢，越来越累，终于支撑不住了，那条腿耷拉了下来。

接下来的儿歌中还有什么跷跷板、滑梯的，我可有的受啦！

妈妈私房话

阅读是快乐的游戏，阅读是有趣的玩耍。

5. 物质文明与精神文明

时光树：宝宝1岁2个月

目前笑笑对物质文明的追求还主要聚焦于温饱上。今天进餐量如下：

（1）早上6点，200毫升奶；

（2）早上8点，大半碗（250毫升容量）米稀饭配菜若干口；

（3）上午10点30分，香蕉1个；

（4）上午11点，糕点（名曰鸡蛋果子）一小包；

（5）上午11点40分，鹌鹑蛋8个；

（6）下午2点40分，馄饨一碗（10个）；

（7）下午5点，糕点两小包；

（8）晚上6点，八宝稀饭（比较稠）一碗，配菜半碗；

（9）晚上8点30分，奶240毫升；

（10）鱼肝油1粒，钙片半片；

（11）白开水600~700毫升。

说明/趣事：

（1）糕点是零食，但不是我买的。

（2）上午一个香蕉进肚后，她又去拿，被我制止后一直哼哼唧唧，所以 11 点时才让她吃那包糕点。

（3）下午煮馄饨时，我发现前天包的馄饨冷冻后没及时收起，还摊在冷冻室里，叫霞霞来收。我们忙的时候，笑笑趁机拿了一个冻馄饨吃，被我发现，从她嘴里硬掏出来时已被咬成两截。笑笑一百个不情愿，哭着闹着要吃。馄饨煮好后放外面晾凉，笑笑要看，霞霞故意挡住她视线。笑笑一把把霞霞的肩膀扳到一边，再挡，还是一把扳到一边。那个急啊！看着她的好胃口，我心里美滋滋的。

上午特意记了一下笑笑的精神文明建设：

（1）分若干时段为笑笑朗读了《好饿的小白熊》《猴子捞月亮》《小马过河》《婴儿故事》（共 5 本 15 个小故事）、《鳄鱼怕怕牙医怕怕》《婴儿画报》数本及康氏的《低幼儿歌》1 本（50 首）。学习字卡若干张若干次。

（2）听的 CD 有《小小莫扎特》《经典英文童谣 100 首》《儿童歌曲集》。

（3）玩的游戏和玩具有抢球大赛（用小木勺把小木球舀出来）、套塔、空饮料瓶（笑笑自己的玩法）、捉迷藏、打乒乓球（笑笑主要是观摩）、拼装塑料地垫、骑小自行车、拿笔在纸上胡乱地画。

（4）阴天起风降温了，所以没带笑笑出去玩。她在房子里走来走去，走去走来，跑来跑去，跑去跑来，无数次。

说明/趣事/烦恼：

（1）听故事时，她自发的动作越来越多，比如小马过河时被小松鼠拦着说"小马，别过河！你会淹死的！"时，她会挥舞着小手做出别去的样子！

（2）五本婴儿故事书一字排开，她会按照你说的书名拿那一本出来。

（3）听故事时，会心的笑声越来越多。

（4）对有些故事表现出非常明显和强烈的喜爱。

（5）玩玩具时缺乏耐力和兴趣，总是几下之后就不感兴趣了，当然，我也觉得那些玩具都没啥意思，可笑笑这么大的小孩不应该也这样想吧。

6. 学说话

时光树：宝宝1岁3个月

笑笑之前说话，除"爸爸""妈妈"是被大人教会的，其他的，不管是长句子还是单个字词，不管是字正腔圆还是含糊不清，不管是标准人话还是标准"鸟"语，都是"全自动"的。你不知道她啥时学会的，也不知道她啥时要说出来，更不知道她啥时会说啥话出来。所以，看到别的与笑笑大小差不多的宝宝会在大人指示下说话，我非常羡慕！

与别的孩子能"现学现卖"相比，笑笑是不学不"卖"，学了也不"卖"。你要求她说她会说的话，她绝对不会说出来，她在"全自动"的状态下才会发音，不受任何信号干扰，也不受任何外力控制。

这两天，笑笑开始主动地有意识地学说话，我终于看到胜利的曙光啦！

带笑笑出去玩，我说咱们去找豆豆妹妹、妮妮姐姐玩，笑笑说了声"豆豆"，声音响亮而清晰。我大喜，让她再喊，她就"豆豆豆豆豆豆……"地重复了若干遍。但是，等走到豆豆小朋友面前，让她喊，她小人家却嘴巴闭得紧紧的，闷声不响啦。

后来我发现她会很标准地喊"妹妹"啦。这几日她嘴里常会反复

妈妈教出3岁双语小天才

操练着,看到妹妹,让她喊,她也会喊出来!

今天看画报,她嘴里喊着"阿姨,阿姨"。我才发现那一页确实有一大群漂亮阿姨。她"阿姨,阿姨"地叫着,我就劈啪劈啪地鼓掌,她越叫越起劲,我把手都拍疼了。

这几天说的新话还有"穿上""袜子""喝水""我在这(家)里""贝贝(Baby)",经常挂在嘴上的老话有"哎!""喂——""不要""没有",至于"爸爸""妈妈",那是经常喊的。

妈妈私房话

看到这里,你终于相信笑笑在语言方面不存在什么天赋了吧。与许多1岁多点儿就开口说话的孩子相比,笑笑的语言发展到此时还是属于非常非常正常的,也就是个平均分。

不过,与别的孩子妈妈相比,我在语言输入方面的投入是远远高于平均数的。我知道我的投入会有收到效果的那天,该做的,我都做了,还都做对了,接下去要做的,就是耐心等待。既然已经播种,种子就会有发芽、开花、结果的那一天!

7. 每个宝宝都是语言学习的天才

时光树:宝宝1岁4个月

小区里有几个孩子家长带宝宝来我家玩过,我教笑笑认字的事就这样传开了。每每出去,必有好奇者问笑笑现在认识多少字了,我总是答曰:"不知道,大概认识不了几个,反正我们只是教着玩儿。"时间长了,大家也就不把这回事当事了。

我每天快乐地"教",笑笑每天快乐地"学"。我克制着好奇心,避免用结果来总结笑笑的成长。特别是,识字会是一个长期过程,我担心稍有不慎就前功尽弃,所以,我只问耕耘不问收获,心态超级良好。

Part 2　1~2岁 至关重要第二年

后来，有小朋友的姥姥说她们也买了字卡在教，我说这是好事啊！越来越多的家长重视早期教育真的是一件利国利民又利己的好事。每次见了她老人家，她仍是追问我笑笑现在认识了多少字，我也总是以基本相同的回答应付了事。

某天她老人家的问话变成了，"我们宝宝已经认识了一盒字卡啦！有35个字呢！"我赶快说："是吗！真聪明！比妹妹聪明多了！""那我们下午带着字卡到你家玩，让他们比比谁认的字多？""哦，肯定是你们认的字多，我只是教着玩的。笑笑下午要睡觉，真是不好意思。""那哪天他妈妈休息了，让她上午带宝宝去你家玩。""好啊，好啊。"如果就是来玩，我举双手双脚欢迎，比认字么，就不必了吧。

下午笑笑睡醒之后，我带她收拾客厅里到处散落的书，突然想到，万一那哥哥来比识字，在咱自家地盘上也不能太谦虚了不是。于是，我临时抱佛脚，随手找来12月初教过笑笑的一些字卡，大约有60张，开天辟地第一次考问起了笑笑，用的是二选一法，笑笑有四张答错了。考完赶紧结束，做贼心虚的我害怕笑笑反感。

晚上跟笑笑爸讲起，他不相信。我就把所有的卡片全摊在地上，让笑笑来按照我说的拿。前面30个基本正确，后面不知是乏了烦了，还是真不认识，还是因为卡片排列越来越乱，笑笑走来走去的踩得乱七八糟的，准确率有所下降。总的来说，有百分之八十都拿准了。

我该高兴吗？我该炫耀吗？算了吧，这算什么了不起的事情啊。这样做违背了教笑笑的初衷，我不是为了让她认多少字才教她的。我从没这样考问过她，她才觉得好玩。如果动不动就考一下，动不动就炫耀给别人看，孩子这来之不易的兴趣，不被大人给抹杀掉，那才叫怪呢！

妈妈私房话

2008年，我的《双语"小天才"养育实录》出版了一段时间后，邻居中还是没人知道笑笑认识两千多汉字，一千左右英文单词，会读中英文双语书。他们只知道这孩子认得些字而已。

与在网络上高调宣扬早教的我不同的是，生活中我从一开始就刻意避免在邻居间"实话实说"。我担心，如果有人老夸奖笑笑，她会觉得自己了不起而飘飘然，如果有人老考问笑笑，老让她念这念那，简单的她觉得没劲，难的她觉得不会，因此她会产生对学习的厌倦和抵触心理，从而对汉字和阅读失去兴趣。所以，不管是夸奖还是考问，于笑笑于我，都是一种看得见摸得着的压力，我不要这样的压力。

因此每当有邻居问笑笑识了多少字，我从来都是"谦虚"的少说很多。当然了，邻居中有对早教真正感兴趣的，我就会多说两句。笑笑的字卡后来给了一个邻居，她宝宝学了几百个字。

我给笑笑的学习，没有一丝一毫的压力，她生活中接触的其他人，也没有带给她任何压力。

另一方面，在网络上为了让更多对早教有共识的家长少走一些弯路，为了能影响更多不相信早教的人进入早教之门，我一直都在不遗余力地宣传早教！我相信，每个宝宝都是语言学习的天才！关键在于，天才妈给不给天才宝学习和发展的机会！

8. 汉字声旁类推：妈—马—码

时光树：宝宝1岁4个月

不记得是哪天开始，笑笑牢牢记住了"妈妈"这两个字，经常在看书时伸出小手一边指着"妈妈"给我看，一边大声地叫着"妈妈！妈妈！"很显然，看到这两个"字朋友"，她很开心。

看"小马过河"的时候，她一遍遍地指着"马"字喊"妈妈"。我就一遍遍地纠正："那是马，不是妈妈。"

昨天晚饭后，"百无聊赖"的笑笑抓起桌子上的电费单、水费单看了起来，看见"水费"二字就喊"水！水！"我边擦桌子边适时夸奖："宝宝真棒！那是水费。"过了一会儿，笑笑把那单子翻过来看背面，只听她大声叫："妈妈！妈妈！"我边忙活着边答应她，可她显然不是在叫我，头也没抬一边叫一边用小手指着。我过去一看，哟！原来是"地址码"。"善解人意"的我应和："哦，这是地址码。"笑笑纠正我说："妈妈！妈妈！"唯恐我不相信，她拉着我的手，走到墙边，用另一只手指墙上的"妈妈"二字，然后又折回到桌子边，让我看"码"字。我只得同意她的看法，"哦！宝宝真聪明！这个也是念 ma，是地址码。"笑笑这才满意。我也非常满意，才多大点儿个小屁孩，怎么就会通过细致的观察举一反三呢。

妈妈私房话

小孩子认字是先整体后局部，她先记得"妈妈"这两个字的读音是"mama"之后才认识"妈"这个单字，然后，发现"马"和"妈"是同样的发音，再之后，推断出"码"和"妈"也有一样的读音。这个过程，包括记忆能力、观察能力、推理能力这三项能力在共同起作用。所以，你看，识字怎么可能只是死记硬背呢？

9. 阿姨姐姐妈妈

时光树：宝宝1岁4个半月

笑笑一下子说出"妈妈姐姐阿姨"这句话来，我又忍不住要记一笔了。

事情是这样的：笑笑的鞋子是我一个好朋友送的，鞋上绣了一对小狮子。每当笑笑指着鞋子让我讲时，我总是说："哦！狮子！真好看！"笑笑就会满足地拍拍小狮子。这话讲得多了，我已不胜其烦啦。昨天，她再一次指时，我告诉她："哦！漂亮鞋子是阿姨买的。"笑笑接着指着鞋子说："阿姨！""是阿姨买的。阿姨是妈妈的好朋友。阿姨是涵涵姐姐的妈妈。"笑笑说："姐姐妈妈？""嗯，是姐姐妈妈。"

接下来，我继续给笑笑讲故事书时，突然笑笑又指鞋子，没等我开口说，笑笑翻来覆去说"阿姨姐姐妈妈""阿姨姐姐妈妈"，哇！要知道这可是一句拐了两个弯的完整的话哦，且笑笑是在理解了我告诉她的那些话的基础上说的！

10. 培养阅读兴趣和能力是识字的终极目的

时光树：宝宝1岁4个半月

条条大道通罗马——谈教笑笑学中文用的康氏方法

如果你问我："笑笑现在到底认识了多少汉字？"我只能大概地告诉你，应该有几百个吧。至于这几百个到底是100个、200个、500个、800个，还是更多，我的答案是不知道。我不是在跟你开玩笑，因为我从没有检查（考）过她。

也许你会再问："你总共教过笑笑多少个字？"我的回答还是不知道。再想想，应该是在2000个左右吧，但是，不是我教了笑笑2000个字，而是笑笑看过的字应该在2000个左右。

你被我搞糊涂了吧？！

你会接着问，而且我相信，定会是一连串问题："你不是在教笑笑认字吗？你是怎么教的呢？为什么要这样教呢？效果好吗……"

好的，接下来请容许我一一作答。我一向不擅长"讲理"，因此此处把理论的东西删去成千上万字，只讲事实：

（1）你不是在教笑笑认字吗？

是的，但确切地说，我不是在教她识字，我是在教她学习中文书面语言，那就不只是认字这么简单喽。

（2）你是怎么教的呢？

英文语言学习有原音拼合法（Phonics）和整体语言教学法（Whole language）这两种方法，我觉得我教笑笑中文就是 Whole language 的方法。

我是按照 www.kidreading.com 中康老师的方法教的，具体说就是——

第一，以阅读为主。培养笑笑中文阅读的兴趣和习惯。做法就是经常给她买书，天天给她读书。

第二，以识字为辅。培养孩子对文字的兴趣。做法就是参照中外各识字专家之长，结合咱自家实际情况，在家里物品上贴了一批字卡，墙上写了几张汉字表，不是每天必念必看，而是我想起来时，笑笑高兴看时就念给她看；再就是把读物中的字词写成卡片，每 50 个为一组，用杜曼教学法（Doman）闪给笑笑看，每天 1 次或 2 次，过段时间再换批新的进来，这个时间长短是根据笑笑的喜好决定的。虽然从不检查她，可笑笑认识哪个，不认识哪个，我随时都能看到，也就基本上心中都有数。

（3）为什么要这样教呢？

康老师的理念和方法很科学，他认为，对于笑笑这么大的小孩来说，让她识记一些汉字不是件困难的事儿，也没什么了不起的。所以，她识字多少都不重要，重要的是要她喜爱阅读并对书产生兴趣，这才是识字的终极目的。从另一个层面来说，阅读与识字结合在一起进行，能互相帮助并且共同发展，共同进步。比如说，笑笑认识的字卡有 100 张之多后，复习就成了一件不太容易做的事了，可是，因为有阅读这个底线在，我就是不怎么操复习的心，她也不会忘到哪儿去。

（4）效果好吗？

很好，笑笑很喜欢这样的学习方式。现在的笑笑，经常会在图书中、字表中发现认识的字，不厌其烦地一遍遍指给我看、读给我听，外出时对目光所及之处的汉字比较敏感，会强烈要求我告诉她那是什么字、什么意思；读书看书成了她最大的娱乐，我经常会有被逼上梁山的无力感,特别是在我已讲得口干舌燥但她还没听够时;通过阅读,她明白了好多事(事物)理(道理),我带她较省心。

(5)有没有需要鸣谢的专家专著?

大大的有:

杜曼先生以及其相关著作;

康宝灵老师以及其相关著作;

七田真先生和公文公先生以及他们的相关著作;

最后是本人,我——笑笑妈,再好的方法也要我来执行!

妈妈私房话

市面上的识字方法和产品很多,但和阅读结合的却不多见。

一般人有个误区,把识字和阅读分为两个先后因果关系的阶段,也就是说,先识了足够多的字,孩子自然就会阅读。

其实不然,单纯的枯燥的识字,在让孩子识字量快速累积的同时,很容易让孩子产生厌学情绪,还没等到他学会足够多的字,家长就无法教下去了。另外小孩子学得快也忘得快,如果不和阅读结合,复习就会是个大问题,学得越多,复习就越麻烦。

和阅读结合在一起的识字学习,永远不会枯燥乏味,永远都在不断接触和复习。2500个常用汉字在读物中的不同组合,可以有千千万万种可能。

教孩子识字阅读,一定要符合孩子的心理和认知发展规律,也要符合语言学习的规律。

11. 嘟嘟熊,偶像的力量

时光树:宝宝1岁5个月

《嘟嘟熊好习惯儿歌》共6本六十多首儿歌。当初买这套纯粹是为

Part 2　1~2岁　至关重要第二年

了凑数，逛了那么久的书店，不能空手而回，总要有所收获吧。实话说，书中文字实在是不咋地，儿歌既不押韵合辙朗朗上口，也不生动有趣诙谐幽默，但是插图画得很棒；另一个让我欣赏的是排版，文字与图画各得其所，看上去清清爽爽的很舒服。

买回来后查看网上介绍，都在极力鼓吹它是一套思想教育的好教材，弄得我当即反感起来，这么小的小屁孩儿，思想教育太早了吧？

买回来近2个月后，一晚，笑笑对家里所有的书都不"感冒"。我没办法了，才从书柜里翻出它来给笑笑看。

没想到笑笑几乎是第一眼就爱上了它。当天晚上，就"嘟嘟嘟嘟"地喊了起来，问她哪是嘟嘟，就准确无误地指给你看。一口气把6本书看完。第二天一睁眼就一边嚷嚷着"嘟嘟嘟嘟"，一边找书来看。

那以后的很长一段时间内，"嘟嘟"就是我们的首选读物，白天读了还不说，每晚临睡前，"嘟嘟"都是必须要读的，否则，小姐不会乖乖上床睡觉。看她这么喜欢"嘟嘟"，我们趁机做起了她的思想教育工作，一旦想让她怎么做，我们就说，"嘟嘟就这样做了"，或是"宝宝这样做嘟嘟会很喜欢的"，再或者是"嘟嘟说了不要这样做"。嗨！你还别说，偶像的力量真的无穷大！在榜样"嘟嘟"的正确指引下，笑笑的行为是越来越规范了。当然，"嘟嘟"并不是万能的，当笑笑犯混的时候，不管再来几个"嘟嘟"，那也是不顶用的哈。

我们就这样"嘟嘟嘟嘟"的教育着笑笑，笑笑也习惯了这一切。过年到姥姥家，不大会儿工夫，笑笑姥爷、姥姥、舅舅都明白了"嘟嘟"到底是个啥玩意儿。笑笑姥爷说："怪不得哩，我看你俩都挺会用嘟嘟的。"

转眼间，"嘟嘟"已陪着笑笑从鸡年走到了狗年。现在的笑笑，根本不用我们再提"嘟嘟"这俩字了，一旦我说"这样做是不行/对/好的"，笑笑就会马上接着说"嘟嘟"，然后在行为上有所改变，至少是有所收敛。

除了在对笑笑思想教育领域的大丰收，通过这套书，笑笑还认识了不少字，比如"灯、西瓜、爱、高、闹、分"等，每每看到，便雀跃着叫出来。

所以说，到了今天，"嘟嘟"，那可不只是笑笑一个人的事情了。我要和笑笑一起大声对它说：嘟嘟，你是俺心中的偶像！

12. 给一岁多的宝贝选什么样的书

时光树：宝宝1岁5个月

买书时我基本遵循着这样的原则：

（1）趣味性强。符合孩子的年龄和心理特征，符合孩子的接受能力和理解水平。比如，她就是喜欢小猫、小狗这样的小动物，那么，经典诵读书再好，现在这个阶段也不会是读给她听的主流。

（2）不管是儿歌还是故事，篇幅要短小，语言要精练，结构要简单，内容要浅显。儿歌就是三四个字一句，每首十来个字。故事就是十来页，每页三两句话。

（3）图画要美，看着是一种享受。卡通动漫之类暂时不接受。

（4）版面要字大行稀，看上去一目了然。图文最好不要混排。

这样看来，笑笑的图书中基本符合这些标准的有：

(1) 莎娜系列。推荐度★★★★

这个系列共有4本，图画和文字都相当美。唯一的遗憾是字太小。

(2) 亲亲宝贝系列。推荐度★★★★★

共有《美妙童话》《认知童话》《快乐童话》《友爱童话》20本40个故事。

除个别故事趣味性不强外，这个系列基本符合我的四项基本原则。

(3)《嘟嘟熊好习惯儿歌》6本。推荐度★★★

一套非常好的适合小宝宝的思想品德教材。除文字令人不太满意外,其他方面还真不错。

13. 一口气听了二十多个故事

时光树:宝宝1岁5个月

每一天都带给我无限惊喜和欢乐!

笑笑开始看字多画少的书了。上午 11 点,拿出许久没试过的康氏教材《低幼童话》,每页 1 个故事,配 1 张插图,全文 100~200 个字。以前试过几次,笑笑一看就推一边去了。今天,她坐在我腿上,竟一口气听了二十多个故事,当然不是一直在听,有时听了一个她会自己翻着看几页,然后我接着讲,只要她不提意见,我就一直讲下去,讲了半个多小时。这真是个不小的进步呢!

之所以能这样,我认为有三个原因:一是其中的一些故事睡觉前我曾经给笑笑讲过(没看书),笑笑感到熟悉就容易接受;另一个是笑笑认识的字越来越多,这也加深了熟悉感觉,她经常会叫出"字朋友"的名字,不再是目不识丁地看画了;最后一个原因就是笑笑长大了。

14. 语言能力飞速发展的第17个月

时光树:宝宝1岁5个月

嫂子春节回来,几日内有限的接触,她不止一次说:"笑笑这月的进步特别大,短短一个春节,她现在什么话都会说了。"是吗?她的话让我不得不对笑笑刮目相看了。

回想一下,是啊,16 个月到 17 个月这个月间,笑笑各方面进步都挺大的,最最突出的,当然是语言!与之前让人摸不着头脑的不可复制的不受任何外力影响和控制的那时不时蹦出的长长短短的句子比起来，笑笑现在是正式会说话了。她说的话，都是既合情又合理，并且有她自己的章法可循。即便是我不加任何解释和翻译，您也能大概明白。

要吃饭了，笑笑指着餐椅说"上"，那是让你把她抱上去的意思。吃着吃着，她说"稀"，那是让你喂她稀饭。嫌自己吃得不过瘾，时不时来两句"爸爸，菜！""妈妈，菜！"同时还指着某样菜，那是让你帮忙夹给她。最后，你让她赶快吃完，她说"不！"那是饱了的意思，接着说"下"，就是要把她抱下来了。

要尿尿了，如果你不自觉的忘了点，笑笑会提醒你说"尿"，或是"尿尿"，或是干脆直接说"妈妈，快！"一旦这句话说出来，我就要以子弹出膛的速度抱起笑笑往厕所跑去，否则，可就没什么好事了。

每天早上一睁眼，笑笑张嘴就是"爸爸、妈妈"，你还睡眼惺忪的来不及答应她，她接着就说开了"我、奶奶、姥爷、姥姥、阿姨、舅舅、舅妈、叔叔、伯伯、姑姑、哥哥、弟弟、姐姐、妹妹"。一套设定好的程序开始工作了，你要问她"还有谁？"下一位准是"嘟嘟"！

新学会说的话，总是要反复操练至闭上眼睛也能脱口而出才罢休，没人要求她，完全是个人主动自觉地进行复习。

有时，狂爱造排比句。你听——

关于"吃"，"爸爸吃""妈妈吃""姥姥吃""奶奶吃"……

关于"喝"，"爸爸喝""妈妈喝""姥姥喝""奶奶喝"……

关于"再见"，"爸爸再见""妈妈再见""叔叔再见""阿姨再见"……

关于"谢谢"，"谢谢爸爸""谢谢妈妈""谢谢姥姥""谢谢叔叔"……

有时，爱搞现场直播式的叙述。"妈妈病""妈妈吐痰""妈妈擦（鼻涕）"，这是我生病时笑笑嘴里一天要说上无数遍的话。

用语言逼你为她服务。晚上熄灯后笑笑总要在床上折腾半天才入睡，像极了一条搁浅的鱼。这段时间的折腾方法是把小腿从被窝里伸出来，让你"盖"，然后再伸出来，再让你"盖"。某晚，我在第25次给她盖了之后，实在忍无可忍了！我转身装睡着了，还打着呼噜，笑笑盼咐说"盖！""盖！""盖！！！"见我动也不动，笑笑大声地喊，"妈妈，盖！""妈妈，盖！"得！只得继续为她提供星级服务，直到小人家折腾够了，呼呼睡去。

凡此总总，篇幅所限，我就不一一列举了。几个月之前，我还觉得宝宝怎么还不会说话呀？几个月之后，我就发愁，宝宝怎么这么多话呀？我有时真嫌她啰唆！

总之，迄今为止，可以这样说，和笑笑之间的语言交流基本不存在障碍了。

与语言发展相对应的是她认识的字也越来越多了，动不动就大声喊着她认识的字，不管在什么场合，你瞧——

去菜场买菜，老远就喊"菜！菜！菜！"看见肉店，就叫"肉！肉！肉！牛！牛！牛！猪！"到了鸡蛋摊就说"鸡蛋！鸭蛋！"……

到饭馆吃饭，指着菜单上的字叫"面！面！""西西花！（西兰花）""鱼！""果！（腰果）"……

见我买药回来，抓住药盒子就念"牛片！（牛黄解毒片）""清开！（清开灵冲剂）""猴！（珠珀猴枣散）"……

到超市购物，也是满眼的熟人，"牙！（牙刷）""牙！（牙膏）"……

除了这些常见的常用的，笑笑还时不时地语出惊人一下，总是让我和笑笑爸有被吓着的感觉。我们不知道，她啥时候认识了这些字——买卖、游泳、洞、桐、音乐、烫、艺术、锄草、肌肉……

比语言和识字更可喜的是她的社交能力，只是看现在，就已远远超出我和她爸了。

看见熟人，老远就喊上了"阿姨！""奶奶！""舅妈！""姐姐！""豆豆！""妞妞！"听起来要多亲热有多亲热，一边喊着一边跑着迎上去，若是大人，人家就会一边答应一边弯下腰来抱她。

与不认识的人在一起，没有了前一段时期的那种拘束与胆怯，也能很快混熟，短时间内博得人家最大限度的理解和支持。我对笑笑社交方面的担心早已荡然无存了。

总而言之，言而总之，笑笑就这样嘻嘻哈哈地笑着，一天天地长大了。

妈妈私房话

真心希望每一位看到这篇记录的家长，把关注放在我从笑笑出生开始做了什么，进而想到自己可以做什么，万万不要只是看笑笑多少个月大时能做什么。

15. 怎样让宝宝爱读书

时光树：宝宝1岁5个半月

回网友豆妈——怎么让宝宝爱看书

我把陪笑笑看书的过程讲给你，你看有没有啥可借鉴的。

时间：

每天3次，每次30分钟（这些基本是笑笑1岁后逐渐固定下来的）；

上午10点左右一次，我的目的纯粹是为了读书给笑笑听；

下午2点前一次，目的是给笑笑催眠，她乖乖地坐在我怀里听啊听，一直听到时不时地揉揉眼睛抓抓头发，看火候差不多了，给她包上纸尿裤，抱到卧室10分钟之内基本上就能呼呼入睡；

最后一次是晚上9点左右，或是我或是笑笑爸，看笑笑玩得差不多了，已经满头满身汗了，得想法停下来让她平静平静，就躺在床上读书给她听，这个时候，通常一大一小两个人并排半靠在床头，大的讲着，

Part 2　1~2岁　至关重要第二年

小的听着看着，半个小时之后，吹灯拔蜡，笑笑开始睡觉，有时会很快睡着，有时她会翻腾上一会儿再入睡。

怎么读：

正常的音量，正常的语速，"异常"温柔动听的嗓音，配合故事或儿歌的情节再加上夸张的语气或动作。

我给笑笑买了不少儿歌和故事磁带，但迄今为止很少放给她听，虽然里面说的普通话都比我标准，可就连笑笑爸都说他们没我读得好听。因为他们不是一手抱着亲爱的宝宝，一手拿着书，所以，没有这份感情在，不亲切不柔和，自然就没有这么动听了。我想，对每一个宝宝来说，妈妈的声音是他们最最喜欢听的声音，当宝宝开始说话时，当宝宝咯咯笑时，我们常常觉得那声音简直就是天籁，其实对小宝宝来说，妈妈的声音又何尝不是天籁呢！妈妈亲自读，永远是王道。

读什么样的书：

前面推荐过，这里不再重复。

再补充一点，我个人始终认为，相对于经典诵读古文，古诗会更适合这么大的宝宝听。你想想，合着古诗的韵律，妈妈一边背着古诗一边摇晃着怀里的宝宝，这温馨的场景，你愿意看到，宝宝又何尝不愿意呢。

笑笑的反应：

最开始的几个月，我想起来就给笑笑读，时间并不固定，也许一天几次，也许几天一次。每一次笑笑都全神贯注聚精会神地听着看着，好像是在努力捕捉我发出的每一个声音，努力地将声音与书对照联系起来一样。

这一切，给了我更多的信心和动力。等笑笑开始抓握，开始撕，开始咬，能够翻身，能够坐起，能够爬，一步步开始她忙碌的探索之旅时，毫不夸张地说，我们家里每一处都能看到笑笑的书。书散落于家里每一个笑笑能够到达的角落，我有兴趣，笑笑自然也就有兴趣。我想，

妈妈教出3岁双语小天才

在那个时候，书，在笑笑的眼里就是玩具，是既可以抓握撕咬，又可以听妈妈讲有趣的儿歌故事的好玩得不得了的玩具。

　　大概到了笑笑9个月前后，具体我记不太清了，她会时不时地抓起书来翻着看，后来不只是翻着看，有时还会独自一人安静地看上几分钟，嘴里呜里哇啦地讲着什么。每一次新买的书，总是要看上好久，总是有很长一段时间把新书当新宠。我给她读书，她几乎是能够听"无限长"的时间，一口气听个把小时绝对是没问题，再多时间的我没试过。

　　再后来，她开始对某一本书、某一个故事、某一首儿歌表现出了偏爱，虽然还不会用语言表达，但她会一遍又一遍地告诉你，再读！再读！再读！有记录在案的是曾经有本《小马过河》和《猴子捞月亮》，她一口气听了23遍！

　　再往后，她认识的事物越来越多，认识的字也越来越多，看任何一本书，都能遇到她的熟人"字朋友"。我想，这就像咱们大人到了一个新地方，碰到熟人和朋友就会更快地适应那里，就会不再那么拘谨，就会心情好得多。笑笑也是这样，动不动伸出小手指着叫你看，让你来确认，让你夸她一句"真能干！"

　　到了现在，听妈妈读书已经成了笑笑生活中像吃奶、睡觉一样正常的不可或缺、不可分割的一项重要活动。

16. 如何给小宝宝读书

时光树：宝宝1岁5个半月

　　我的建议：

　　(1) 开始时，时间不要长，每次几分钟，但一天中的次数要多，反复刺激加深宝宝对书的印象。

　　(2) 开始时，宝宝看不看书都没关系，即便他跑来跑去也不要紧，

Part 2 1~2岁 至关重要第二年

只要他的耳朵在就好，他总会听进去的。如果你一直很有兴趣地读着，时而开怀大笑，时而大呼有趣，他自然会被你吸引过来。

（3）如果宝宝对书不感兴趣，那就把字书当成画书用，可以请他指出图中的小猫在哪儿，小狗在哪儿，如有他不认识的，就教给他，他会很乐意向你指出刚学的那个东西在哪儿。下一次，还是问他什么什么在哪儿，然后夸他！再下一次，再问再夸！夸到他已经喜欢看这本书了，那就好办了，开始文字的讲述。

（4）这个时候，宝宝可能没有耐心听你讲完这一页，就急不可待地往后翻。不要紧，你可以不按原文讲，用"缩写"的语言来讲。只要宝宝愿意一边听你讲一边往后翻就行。慢慢地，慢慢地，宝宝被你的讲述吸引，他愿意停下来听你娓娓动听地道来，这时候，可以说，在让孩子爱上读书这一点上，你已经成功了。

（5）不要求孩子"正襟危坐"般聚精会神地听，只要看上去在听就行了，哪怕是他手里还拿着喜爱的玩具。只要你有信心，故事讲得好，不怕他不被吸引过来。笑笑经常是两只手各拿一个玩具，听着听着，就不管手里的东西，手松开了，东西掉地上了，她都不理会。到了这时，如果她在听故事过程中走了神，我会等她回来，我一停下来不再发出声音，笑笑立马就回过神来要求接着读，接下来就不会再不专心啦。

（6）如果觉得有宝宝听不懂的，那就书面语言后立即用口语为他解释一下。你想想看，你会对听不懂的长篇大论感兴趣吗？对小孩子来说，是一样的道理。

（7）不管在哪个阶段，大人始终要对书有饱满的热情和高昂的兴趣；不管在哪个阶段，读书给宝宝带来的都是享受，没有任何不愉快。不要因为他听了两页就走，你就泄气了，也不要因为他看起来心不在焉，你就没信心了，更不要因为宝宝没变成你想的那个样子而说他不乖、不好、不聪明。

(8) 如果从开始走到这一步，你的宝宝已经对书产生兴趣了，他知道里面的世界有趣得很，他每天都期待着妈妈读书给他听。再等一等，他有了心中偶像，就像嘟嘟熊对笑笑一样，你就可以用偶像来教育他啦！

qinqin515：（2008-4-18）

自从发现了笑笑妈妈的这个帖子，经常翻开来提醒和督促自己，不要偷懒。无论是精神上的，还是具体操作方面的帮助都很大，我非常感谢笑笑妈。

发些我的感受，请大家指点：

如何让婴儿宝宝爱上看书

我家宝宝从8个月开始，抱在怀里看婴儿画报，现在9个多月了，宝宝非常喜欢，一般说来如果只讲10分钟就停一定会不高兴的，每次可以讲二十多分钟停下才不叫。

有些小经验，和大家分享：

(1) 尽量挑选色彩鲜艳，没有背景图案的。

比如宝宝看到嘟嘟熊会笑，但是看到嘟嘟熊在森林里的画面就不笑了，也许小孩的眼睛分不出来前景和背景。

小玻系列翻翻书符合这样的要求，翻翻的形式也比较有趣味。而且是双语的，用处比较多。我只买了3本，正考虑是否买一套。宝宝很喜欢，经常是翻开每页可以翻的那部分时她就"嘎嘎嘎"。

(2) 如果宝宝不喜欢你手中的书，赶紧拿走。

我家宝宝很有趣，遇到不喜欢的书，我刚拿起来她就用手去拍，有一次她拍了几下我没有换，她居然抢过去扔到了地下。赶紧换掉就好了，否则会降低宝宝的兴趣。

(3) 把故事改编得短小些。

不见得一定要用书上的文字来讲故事内容，可以根据画面自己编故事。我发现孩子不喜欢对着同一个画面说很多,所以每页最好只有一句话就翻过。1秒翻一页宝宝绝对喜欢。对着一页说5秒她就烦了。我基本上每个故事都改编了。要想保持兴趣,就不要对着一页超过1秒钟。

(4) 宝宝喜欢听排比句。

这是从实践中发现的。小孩不嫌啰唆。比如有本2003年的《嘟嘟熊和毛毛球找5只小猫咪的故事》我就改编成了下面这样子,孩子就很爱听。按原来的讲宝宝就不喜欢。

嘟嘟熊到毛毛球家串门。嘟嘟熊和毛毛球在桌子旁边。嘟嘟熊和毛毛球在水桶旁边。嘟嘟熊和毛毛球在柜子旁边。嘟嘟熊和毛毛球在小床旁边。嘟嘟熊和毛毛球和小猫咪在一起玩。

(5) 碰到不喜欢的书的办法。

毕竟书都是花钱买的,希望宝宝都喜欢才不浪费,可这个月的《婴儿画报》的两个故事,刚开始宝宝都不喜欢,试着几天让她去喜欢,可是她对那两本总是很不耐烦,不肯老实地听。后来的几天,我每次只给她看一下封面,赶紧拿走。后来变成看完封面翻开任意一页讲,然后赶紧合上书讲下一本。这样过了几天以后,我试着打开讲给她听,结果发现她爱听了,真是高兴啊。

(6) 同一个故事可以中文讲一天,英文讲一天。

比如上面的嘟嘟熊的英文这样讲:

嘟嘟熊到毛毛球家串门:Dudu bear goes to Maomao cat's home.

嘟嘟熊和毛毛球在桌子旁边:Dudu bear and Maomao cat are beside the desk.

(7) 选择室内自然光线柔和的地方,保护宝宝眼睛。

眼睛是心灵的窗口,近视了可太不方便了。这点不可忽视啊。

17. 1岁半的笑笑第一次自己读书

时光树：宝宝1岁5个半月

今早笑笑都被抱到大床上来了，我的眼睛还睁不开哩！笑笑看没人理她，就爬到我头上。我以为她要跟我玩，正暗自叫苦，没想到，她伸手拿床头柜上的书，还能有啥别的书，《嘟嘟熊》呗！

"妈妈讲。"我不作声。"爸爸讲。"笑笑爸只得回话说："宝宝自己看吧。"

笑笑翻开书，坐在两个大人中间的枕头上，看了起来。我盘算着乖宝宝让我再睡会儿吧，千万别再叫我了。

"剥豆、剥豆、剥豆。"咦？我来了精神，睁开眼睛一看，乖乖！正在看《剥豆》那一章哩！"宝宝说这是什么？"笑笑指着标题说："剥豆。""真棒！妈妈亲一个。"好了，接下去你还是自己看吧。

笑笑认真地看着，认真地念着"剥豆、嘟嘟熊、肉虫、小鸡、叽叽叽、我要、我要。"了不得，除了那鸡叫声是笑笑加进去的，其他的都是书上的字，且是按照出场先后顺序念出的。

咦？"我要"也认识了？"宝宝，这两个字怎么念？""我要，我要，我要。"笑笑大声地叫起来，好像唯恐我不相信她会念似的。

我还想接着睡觉，又闭上眼睛。笑笑继续做她的乖宝宝，看书读书。"过、新、灯笼、猴、兔兔、小羊、嘟嘟熊、灯笼。"睁眼一看，果然是《过新年》。

笑笑爸撑不住了，不再装睡了，开始对笑笑"考问"起来。他拿出另一本书，随手翻到《真乖真好》。"乖、好。""宝宝，这是'真'。""?"原来笑笑还发不出zhen的音。"猫猫、要妈妈抱。嘟嘟熊、走、跑、不要妈妈抱。乖、好。"

嗨！真是了不得！我的瞌睡虫早已不知去向了。还赖在床上吗？

不！立即起床！

18. 书面语的内化：妈妈怀抱

时光树：宝宝1岁半

"抱抱！抱抱！妈妈抱我！""好，妈妈抱你。""妈妈怀抱。""什么？""妈妈怀抱。"不知她是在哪里学的怀抱这个词，感觉我好像没给她说过。迷惑中，陪笑笑看书，看到袋鼠时，我对她说："你看，小袋鼠在袋鼠妈妈的袋子里。""妈妈怀抱！"

我告诉笑笑："我去厨房给你倒水，你在这里等妈妈好不好？""好。等妈妈想妈妈。"咦？小家伙怎么就出口成章了？是偶然的还是有意识的？再试试她，不久之后我说："妈妈去卫生间了，你在这里等妈妈啊。""等妈妈想妈妈。"后来，果不其然，我发现这是一首儿歌中的"等妈妈，想妈妈，妈妈在上班，不好打电话。"

天下文章一大抄，看你会抄不会抄！俺闺女活学活用的能力真强。

妈妈私房话

足够多的书面语言信息的输入，良好的理解能力，让孩子能够在遇到类似场景时自然而然的贴切的使用书面语言表达，这就表明书面语言已经内化成为孩子个人语言能力的一部分了。

19. 猜猜我有多爱你

时光树：宝宝1岁半

年前买了几本书——《猜猜我有多爱你》《爱心树》《逃家小兔》《要是你给老鼠吃饼干》《活了一百万次的猫》，当时笑笑不感兴趣，就收了起来。今天早上，翻了出来。

嚯！不可收拾了！这一天缠着我讲了无数次《逃家小兔》，其次是《猜猜我有多爱你》。其他几本我讲就听，她不主动提。

晚饭后，侄女来玩，笑笑要求我："妈妈，讲这个。""什么呀？""逃家小兔！"噼里啪啦，姐姐给她使劲地鼓掌。我开始讲了，刚讲两页，"姑姑，我要听5遍！""啊？""5遍！5遍！"笑笑也跟着凑起热闹。

终于讲完了5遍，两个小家伙真正是百听不厌。

"再讲这个。""哪个？""猜猜、我、多、爱你！"笑笑费力地说着。"是猜猜我有多爱你！"侄女纠正说。"猜猜我、有、多、爱你！"笑笑接着说。那声音好听极了。

1遍刚刚讲完，"姑姑，好听好听，还要听！""有多好听？""这么多！"她夸张地用手比画着。笑笑也跟着比画开来，"这么多！""好的。"

第2遍，"你当小兔子，姑姑当兔妈妈。"我们分角色朗读，笑笑一会儿看看妈妈，一会儿看看姐姐，时不时主动地鼓掌，嘴里还说着："宝宝给妈妈鼓掌，宝宝给姐姐鼓掌。"

接下来，是一遍一遍又一遍讲。看，好的作品，是可以打动各个年龄层的读者的。笑笑1岁半，侄女6岁，我三十多岁。

今晚的阅读，持续了一个多小时。"姑姑，我明天走时能不能拿回我家看？""可以，你要赶快看完还给我。"

我要推荐的是这几本书：《猜猜我有多爱你》《爱心树》和《逃家小兔》。

推荐度★★★★★　收藏价值★★★★★

适合年龄★★★★★　（0~100岁）

为了孩子也好，为了自己也好，快买吧。

20. 谈宝宝口语发展: 方言与普通话

时光树: 宝宝1岁半

网友提问:

和宝宝交谈,你说方言还是普通话?

我们家是这样的,大人们交谈用方言,除我之外其他人(宝爸、宝奶)和宝说话也多半是方言。

只有我比较坚持和宝说普通话,也鼓励她用普通话发音,但现在发现一个问题就是宝的语言发育不太理想。

虽然她会发绝大多数的单音,但还不会说完整的词、句,目前仍处于说叠词的阶段,比方"果果""蕉蕉""莓莓"……其实她最初的语言发育还是很不错的,一岁左右就可以说很多字了,但就是一直没什么突破,我心里那个急啊!眼见着朋友宝宝一岁半都已经能说会道的了,可她……

而且发现另一个问题:就是学起方言来似乎比普通话麻溜多了,让我怀疑如果不是我禁止她说方言是不是她的语言发育会比目前乐观得多呢?我朋友的宝宝就一直是说方言的,说得那个叫好啊。

应该还是环境的因素吧,宝处在方言的大环境里,学方言当然有优势,普通话却只是妈妈和她说的那么一点儿,讲起来就有点别扭。

我有点犹豫了,到底应该让宝继续学普通话呢,还是放任她讲方言呢?

笑笑妈:

请把你的心放到你的肚子里,宝好得很,你那个心急完全是自找的。小宝宝之间的个体差异很大,语言也好,动作也好,每个都有其自身的规律,不要跟别的孩子比。你羡慕我孩子这个,我羡慕你孩子那个,很容易就扯平了。

看我下面的建议能不能对你有点实质性的帮助。

争取把宝爸拉到普通话阵营中来，这样你家就只有宝奶一个人使用纯方言了。如果宝奶能听懂，你和宝爸跟她说话时也尽量说普通话。

不管怎样，对宝，不做任何具体要求，鼓励归鼓励，她爱说不说。不要禁止人家说方言，你已经侵犯了人家小人儿的话语权了，这要搁国外，你这监护人是在滥用职权。

让宝继续学普通话，要顺其自然。"放任"她讲方言也不是什么坏事，普通话也不见得就不会说了，或者就说不准了。

"如果不是我禁止她说方言的话是不是她的语言发育会比目前乐观得多呢？"这个倒未必。为什么？还是个体差异的原因。小范围内看也许是这样，大范围看去，就未必如此了。

我一个朋友，她们家官方语言是杭州话，只有她坚持与宝宝说普通话，1岁多时也出现你这样的困惑。我告诉她耐心地等，现在她的宝宝2岁半，在普通话和方言之间自由转换，说得都很顺溜。

另一个朋友是上海人，孩子爸爸是湖南人，公婆帮他们带孩子，这个孩子大概1岁2个月的时候就能"出口成章"地讲话，且能在上海话、湖南话、普通话三种语言之间自由驰骋。是个男孩。看来，一般情况下男孩比女孩说话晚的说法在这个孩子身上同样不适用。

单字与词语与句子，这个可能是大人没有很好地引导造成的。笑笑几乎没有经过说叠词的阶段，因为我们从来不这样跟她说话。她偶尔这样说，我们也绝不去重复，只是告诉她正确的说法，比方"果果"，我会说"宝宝，是苹果，宝宝说苹果。"她会努力，但可能会"苹苹苹"地就是"果"不出来。没关系，我下次还是会这样纠正她，至少她知道不要把苹果说成"果果"。

也许有些大人会刻意或有意无意地跟小宝宝"果果、饭饭、水水"地说，是觉得好玩还是什么原因我不知道，但这样对孩子语言的学习肯定是没啥益处的，这种事情咱不做。

过了这个坎儿，短语、长句子就会排着队蜂拥而至，到时你肯定会怀疑自己是不是生了个"说话机"，你会有嫌烦的那一天，这是迟早的事。

有研究表明，小宝宝在18个月左右会有一个语言方面的质的飞跃。记得笑笑是在17个月时遭遇这飞跃的，我想，你家宝也离它不远了，所以，就赶快趁早享受这飞跃之前的幸福时光吧。

时光不会倒流，享受跟宝宝在一起的每一天每一刻吧，不要再有担心疑惑了，OK？

21. 第一次准确完整独立地唱歌

时光树：宝宝1岁半

"一闪一闪亮晶晶，满天都是小星星，挂在天空放光明，好像千万小眼睛。"

相信每一个妈妈都会唱这首歌。

中午，1岁6个月10天大的笑笑，准确完整独立地将这四句歌词说（背）了出来。一遍来过又一遍，一直来了十来遍，她兴奋得从餐椅上站了起来，晃动着胳膊摇摆着身子，在我欣赏崇拜的目光和话语中，陶醉在她的音乐世界里。

因为她说"宝宝唱星星"，所以，我把这不能称为唱的"唱"也就叫作唱了。

人生第一次，值得记录！

22. 宝宝讲《爱心树》，一讲就是十几遍

时光树：宝宝1岁7个月

读书新动向。动不动就是"宝宝自己讲。""宝宝给妈妈讲。"要是儿歌书，还真能哇啦哇啦地讲上一会儿。故事书呢，真的翻开了又不正儿八经地讲，一本《爱心树》她就讲"从前有一棵大树"这句，翻来覆去地讲了十几二十遍，虽然语言很单调吧，可人家是声情并茂地，语调也抑扬顿挫着呢，所以说还是甚为动听的。

对阅读的兴趣没有一路高涨下去，也没有低落下来。阅读已成为她一日生活中自然而然的一部分。

23. 宝宝会讲的第一个故事《大象哥哥》

时光树：宝宝1岁7个月

"大象哥哥呀，去买菜菜，走呀走呀，碰见一只小老鼠，'啾啾啾'钻到大象哥哥鼻子里去了，大象哥哥说'痒痒！痒痒！'就'阿嚏！'打个大喷嚏，小老鼠就'叽'摔死了。"

这是笑笑会讲的第一个故事，是《康氏中文快速识读教程》里的。

完整准确流利地讲故事，距上次唱《小星星》仅有12天。这段时间，会唱的歌、会背的儿歌、会背的古诗，简直是像"小星星"那么多！会讲的半拉子故事也不计其数。

我实在想不出来了，除了夸她聪明！可爱！真棒！非常棒！还有什么别的好夸的？嘴都笑歪我啦！

妈妈私房话

只问耕耘，莫问收获。

到现在,已经变成了:

只问耕耘,必有收获!

24. 笑笑是早期亲子阅读受益者

时光树:宝宝1岁7个月

虽然是春天,可我每天都有秋天来了正在大丰收的感觉!笑笑这段日子的发展速度,我要坐"神六"才跟得上。

尤为突出的是,她的语言表达能力。她经常是咬文嚼字地说,引经据典地说,出口成章地说,语出惊人地说。我的脑子跟着她的语言转啊转啊,时常感到晕头转向力不从心。尽管,这一天是可预见的,但从没想到的是它来得这么突然。

笑笑随手拿起玩具梳子,一边做梳头的样子,一边说:"小梳子,光溜溜,长着许多手指头,每天帮我梳梳头。"话音刚落,接着又是"小梳子,梳梳头,梳出一个俊妞妞。"好家伙,我还没来得及夸她,她放下梳子,拿起小剪刀又开始了:"小娇娇,手儿巧,拿剪刀,铰呀铰,铰只狗,铰只猫,铰只麻雀喳喳叫。"

吃饭了,笑笑一边吃一边说:"宝宝吃饭好不好,小碗小勺全知道。"还有"吃饭了,吃饭了,饭菜香香……"还有"牛奶鸡蛋,豆腐青菜……"光是这些跟吃饭有关的儿歌就够背一顿饭的时间了,我又不能不让她背,我夸她还夸不过来呢,怎么能制止她呢。

要都是这样倒还好说,问题是有的时候,她小人家把一首儿歌一个故事记得半半截截的,有时候还会张冠李戴的串烧一把。

你听,"一只乌鸦,口渴了,去找水喝,(故事《乌鸦喝水》)找呀找呀找朋友,找到一个好朋友,再见!(歌曲《找朋友》)我是祖国的好娃娃!(歌曲《祖国好妈妈》)娃哈哈,娃哈哈,每个人脸上都笑开颜！（歌曲《娃哈哈》）……"

我要不管她，她就可以一直这样天马行空下去。在适当的允许她信口开河发展想象力的前提下，关键时刻我想还是必须加以正确引导，那就需要我任何时候对笑笑说的话都要保持高度警惕性，同时还能对笑笑所说的话的出处了如指掌，这样，才能保证我对答如流，才能给她正确的指引！

所以，说不清我现在会背多少首儿歌，会讲多少个童话，会唱多少首歌曲。饶是这样，我还是有接不上话茬的时候，有些话我还要过好久才能想到出处。

更让我感到不适应的是，大量事实表明，有些书面语言已经内化为笑笑自己的语言了。有时她说的话，让我感到惊奇！

那天到公园去玩，在草地上野餐，笑笑躺在餐布上，她抬头看了看蓝蓝的天空上飘着几朵白云，四周到处是鲜花绿树，再想想刚刚在儿童乐园里玩耍时的乐趣，按捺不住了，脱口而出道："春天来了！山青了，水绿了，草地也绿了！"把我和笑笑爸吓了一大跳！笑笑爸开玩笑说别不小心整个天才小诗人出来了吧！但我坚信这段话绝对不是她自己想出来的，肯定是哪个故事或是儿歌里听我讲过，于是，我一边欢喜着一边思考着是哪本书中的话呢？我想啊想啊想啊，就是想不出，转念一想，就是她听过，能这样准确运用，这也非常不错！这事就算是搁在那儿了。几天之后，讲故事时就遇到了原文，"春天来了！山青了，水绿了，草地上开出了朵朵鲜花！"看，咱宝贝不光会抄还会改编呢！

有天，笑笑跟我闹别扭了，当她脸上还挂着泪痕时，笑笑爸回来了，抱起她问，"宝宝为什么哭呀？"笑笑一边用手背擦拭着眼泪一边回答说："眼泪扑扑落下来了。"瞧，这"扑扑落下来"用得多好，咱宝宝多有文化哪！虽然想不出出处在哪儿，但可以确定的是她百分之百听过。

最令我得意的是，笑笑的"原创语言"也不时地冒出来刺激着我脆弱的心灵。

有天，大舅逗笑笑玩，用腿把笑笑困在沙发上。笑笑出不来，使劲地喊着"大舅闪开！""大舅闪开！"这"闪"字用得那是真的没得说！天知道她是怎么想到的?!

至于像"哇！""耶！"等感叹词、语气词，更是用得溜得不得了！好笑的是，每当她把玩具弄坏了我说修不好时，她动不动就发愁说："怎么办呢？"

类似的还有很多，时不时地让我兴奋一下、激动一下。我想，只有24小时摄像才可能真实完整地记录笑笑的妙语和趣事，我这烂记性只能想到哪儿记到哪儿。

总而言之，因为我一直坚持给笑笑做大量的亲子阅读，使笑笑的语言储备量很大，内容很丰富，现在有些语言已经内化为笑笑自己的了。笑笑是早期阅读的受益者。如果你这样做，你的宝宝也必将是！

25. 最幸福的我们俩

时光树：宝宝1岁7个月

用出口成章、妙语连珠来形容笑笑现在的语言能力，一点儿也不为过。随便一样东西，只要她的记忆库中储存了相关信息，就能信手拈来地讲上一大段。

因阅读打下了坚实的理解基础，什么事情跟她讲道理基本都能讲通。我是越来越觉得她省心好带！有她，我是最幸福的；有我，她又何尝不是最幸福的呢?!

26. 1岁7个月会读九十多首儿歌

时光树：宝宝1岁7个月

为了要不要继续给笑笑再像以前那样一批批买书，我发了许多天愁了。网上买的，好坏参半，看着是省钱了，可要是算上有效阅读率，可就不省了，那简直就是浪费了。我做梦都想有机会到童书网站实体店里去挑挑看看。

周六又专门去了趟书城，勉为其难地买了几本，花了八十多元钱。感觉以后还是不要到书店去了，瞎子点灯——白费蜡！

要不就从现在开始给笑笑自制书好了，网络上资源这么丰富，现成的就可以下载打印出来，拿来就能用多好啊！可转念一想，那要费多大工夫去搜索啊。

想想，还是结合笑笑的实情，自己做做看吧。我要先摸摸笑笑的底，看她适合啥样的内容。

先从儿歌摸起，笑笑时不时地蹦出那么一两首来，让我对她刮目相看。现在我倒要看看她到底会多少。

咋考呢？没经验。想来想去，笑笑喜欢小星星，我就拿了支画笔，把笑笑抱在怀里，"宝宝念给妈妈听，妈妈给宝宝画小星星，好吗？"笑笑似懂非懂，开始念了。"好棒！"我夸张地表扬她，同时在书上画了个漂亮的小星星。笑笑很开心，就这样连哄带骗，念一会儿玩一会儿，笑笑念了一本儿歌书，100首儿歌，可以打100分的有82首，其余18首只要给一点儿提示就行。这结果大大地超出了我想象！

以上是昨天的情况。

今天上午，我还想用这老办法再考她，她不干了，扭来扭去的要下地。按住她，她就不配合了，明明会的偏就胡乱地读，或者干脆紧紧地闭着小嘴巴，撬都撬不开。

晚上，哄着她让她念一首就可以自己在书上画一个星星，她才勉强念了50首，合格率基本是85%左右。

一本书被她画得乱七八糟惨不忍睹了，这个法子看来也不能再用了。好在，我终于也摸了一些底出来。

妈妈私房话

宝宝小时虽"口不能言"，但"心已默识之"绝对是真的。在那个时期，家长有没有做什么，决定着后来能否有收获。像农民种地一样，种，就有收。

27. 笑笑编的第一个故事

时光树：宝宝1岁7个半月

笑笑舅妈来，问："今天妈妈带你到哪儿去玩了？"笑笑边吃饭边说："妈妈跑啊跑，宝宝追呀追，妈妈不见了，宝宝找妈妈，找不到妈妈了，怎么办呢？丁丁（天线宝宝）来帮忙了。妈妈在树林里摘蘑菇呢！宝宝是个小女孩，长大了，宝宝是大姑娘了，妈妈也是大姑娘！"

这一通啰唆，把她舅妈给唬得一愣一愣的。

28. 说了一句英语

时光树：宝宝1岁7个半月

买了《洪恩巴迪英文童谣》和《洪恩巴迪节拍英语》两种碟片来给笑笑做英语的熏陶。周日收到的。这两天主要在听《洪恩巴迪英文童谣》第一章，其中有首 table number 的歌谣，笑笑今晚跟着读了一句 "table mumber"（"mumber" 是我根据她发音造的字），猛一听还挺像的。

不过，又像她开始说话时那样不可复制！后来再哄她，怎么也不肯开口了。

妈妈私房话

请各位看官注意，这时，笑笑主要是听英语碟片，不是看碟片哦。

我开始尝试教她学英文。因为知道在孩子语言学习关键期内，学习任何语言都会事半功倍，另外，前期对笑笑母语中文的工作效果显现，有时间考虑外语学习了。

29. Thank you

时光树：宝宝1岁8个月

晚9点，给笑笑冲奶。笑笑站在旁边耐心地看着等着，很安静，没有像平时那样叫着喊着让我快一点。递给她，她并未立即伸手接，好像在想什么事情，想好了，看着我说了声"Thank you！"那一瞬间，我心里除了感动还有什么呢?！还有喜悦!!

抱起这个可爱宝宝，亲啊亲的，又把她撂起老高，逗得她咯咯地笑，然后问她："Thank you是什么意思？"笑笑看着我，羞涩地笑了，再问，答曰："妈妈。"

真是可爱之极！她已能脱口而出这句英语，只是暂时还无法用合适的汉语来翻译出意思。

跟我的付出相比，笑笑回报的太多了。是我太容易满足了吗？仔细想想，我这几日说的Thank you加起来也没有30次，她咋这么快就给我输出了呢！

革命尚未成功，同志仍需努力。

不攀比，不急躁，不放弃。

Part 2 1~2岁 至关重要第二年

妈妈私房话

我想的是我只教了二十多遍，她咋就会了呢？

有这样的"只问耕耘，莫问收获"的心态，我的每一天都在收获中，都在惊喜中度过。

换个角度，在笑笑说出"Thank you"之前，我老想着自己已教了她二十多遍了，她怎么还不会呢？！这样的心情下，对宝宝的期望越高，失望就会越大，这样的状态下，又怎能做到教得轻松，学得愉快呢！

说起我对笑笑的语言教育方法，大家都能掌握，每个家长按照这样的方法去教，都能收到好效果。教学方法具有可复制性。但是，正确方法的前提下，家长的心态才是决定成败的关键，而心态，就不那么容易被复制了。

有方法，有决心，却没有良好的心态，太过急于求成，不愿意给孩子再多一些时间，不愿意等待孩子，每天只想着到底会了多少，到底会了没有，这时，再好的方法，再聪明的孩子，学习效果也是可想而知的。

一味计较得失，你会错过路上太多的好风景！

30. 对英文字母极其"感冒"

时光树：宝宝1岁9个月

英文，我目前能想着做的，就是放碟片给她听。按照儿童学英文要领的说法是，要给孩子创设自然的英文听说环境才行。可是我的英语水平就是聋哑英语，要做到那样，太累，能力有限！

这两日她开始迷恋地唱一首英文歌，她唱的是"We wish you a 可莫思（音）"调子是"We wish you a merry Christmas"这首歌的。以至于她唱了许久，我才听出来，哈，真是好玩，宝贝，你读也不能这样子读啊!

她开始对英文字母极其"感冒",经常是远远地看见某个人就飞奔着跑到人家面前,当"人家"是小孩时,以为她要跟人家玩,当"人家"是大人时,以为她要让人家抱,结果不是,所有的人都误会了!因为笑笑往往是发现新大陆似的,指着人家衣服上的字大叫"英文字母ABC!"尽管,没有一次是只有ABC那么简单!有时,笑笑像见了老熟人似的,一边伸着小手点着那字母,一边点着头说:"ABC嘛!"我才发现,生活中的英文字母真是无处不在。特别是笑笑现在把拼音也认做了"ABC"。

妈妈私房话

在2006年,国内教育资源最丰富,汇聚最多关心孩子教育的父母的网站是"儿童教育论坛"。论坛中对孩子进行早期英语教育的先行者们,很显然,都是受一本书的影响,这本书就是《宝贝比我强》。

这本书的简介:她不是神童,也从未出过国,英语词汇量达到1600。看懂《迪士尼神奇英语》所有故事。看懂香港英文台的适龄儿英文节目,很多人认为她是天生的双语儿童……其实,许多中国父母完全有能力培养一个小北辰这样的双语孩子。作者小北辰的父母,用切身经验向读者介绍了一套"双语养育"的神奇方案。同时,他们还与你分享大量辅助资料,包括如何加入国际双语家庭邮件组,简便实用的幼儿美国英语,以及突破口语大关只需掌握的850个单词等等,帮助你轻松养育你的双语宝宝。熟练掌握了本书附录中的850个单词,外加不超过150个专业词汇,仅用1 000个左右的单词就能够进行日常英语对话。这是小北辰爸爸妈妈的经验与心得。

因此,儿童学英文的具体做法就是家长尽量在家里跟孩子说英语,要给孩子创设自然的英文听说环境,让孩子自然而然习得英语,不是学英语。

Part 2　1~2岁 至关重要第二年

时至今日，我仍然对这样的双语养育方法举双手双脚赞同。不过，该方法适合自身英语比较好的家长，像我这样的普通人做不到。

但是，当时，这个方法对我的影响非常深刻，我一直都为不能脱口而出跟孩子说英语感到自责和内疚，因为，除了跟孩子说英语，我还可以用什么方法呢？

31. 边听边看《低幼故事》

时光树：宝宝1岁9个月

听磁带，她在一大堆书中费力找出康氏的《低幼故事》来，又努力地翻，找到磁带正在讲的那一课。这是前所未有的啊！自始至终，她都在津津有味地听着看着。我可真是感动！感动于她的专注，感动于她的投入，感动于她的自觉主动……

32. 角色游戏：妈妈浮上来了

时光树：宝宝1岁10个月

笑笑现在每天都和我一起演各种童话故事，有原版的，也有她即兴编出来的。

比如，最新版本的《妈妈浮上来了》。有一天，妈妈不小心掉到了河里（这时我要倒下去，喊"救命呀！救命呀！"）。宝宝来救妈妈了，宝宝想出了一个好办法，爬到树上摘下两根树枝，到河里去夹妈妈（她作势用树枝夹我，没有道具，点到为止），夹了一会儿，没夹到。小民想了个办法（从这儿以后就是《皮球浮上来了》的原文，只不过把皮球改成了妈妈），当她终于把我救出来后，我要向她表示谢意，抱起她乱"啃"一气。

我做的，就是配合她的思路，表演下去，至于她编得合理不合理，语句通顺不通顺，情节离谱不离谱，我不管，由她去。

妈妈私房话

小朋友自己主动地、自觉地、自发地融游戏于阅读中，融阅读于游戏中。

33. 最后两个月的冲刺

时光树：宝宝1岁10个月

仿佛只是一眨眼的功夫，笑笑就22个月大了，还有两个月，就满两岁了。

让她2岁能读书的梦想能否实现，就看这最关键的两个月了。

笑笑2岁的时候，肯定比现在更好，但好到什么程度，我还真说不上来，心里不太有底儿。

我只知道，按照最理想的去努力做，虽然，我更清楚地知道，理想总是比现实高出那么一点点。

34. 1岁10个月自己读大半小时书

时光树：宝宝1岁10个月

笑笑爸又出差了，想想这几日都要一个人带笑笑，我要保存体力，因此给笑笑洗好澡，就准备和她一起睡了。笑笑一看这架势，主动提出，"妈妈，我不想睡觉，我不困，我不想睡觉！"懒得跟她多说，我一边躺下一边问她，"我要睡了，你怎么办呢？"

"妈妈睡觉，宝宝读个书吧。"她这样提议。好，床头柜上现成的一摞书抱过来给她，不久，我便真的呼呼睡了。

隐约中感觉到，笑笑一会儿坐着、一会儿趴着、一会儿躺着，认真地读了好几本书，让我感到惊讶的是她第一次完整准确地讲出《要是你给老鼠吃饼干》，接着还把《爱心树》也从头至尾一字不落地讲了一遍，也是第一次！要知道，这本书，跟笑笑惯常看的、听的、讲的小猫、小狗之类的小人儿书比起来，还真是有点儿难度！是背也好，是认也罢，小孩子天生的吸收能力真让人惊叹，我自叹不如。

其他的书也有整篇读下来的，有时只是翻着做看图说话式的讲解，有时可能就是翻翻而已。我一边眯着眼睡觉，一边听笑笑读书。

听她的声音越来越小、越来越少了，我问："还读吗？睡觉吧。""好呀，妈妈你把灯关了吧。"关灯时，10点40多了，笑笑自己竟然读了大半个小时的书。

35. 搞笑形近字：小壁虎"错"尾巴

时光树：宝宝1岁10个月

"什么故事？""小壁虎借尾巴的故事。"笑笑翻到了那一页，我准备开讲了。

"是小壁虎'错'尾巴的故事。"笑笑又说道。

"什么？什么？""是小壁虎借尾巴。"笑笑回答，我再次准备开讲。

"小壁虎'错'尾巴。嘻嘻！"笑笑再次捣乱地说，说"错"的时候还用上了重音！

我不理她，她就翻来覆去地"小壁虎借尾巴""小壁虎错尾巴"一直讲了十来遍。"好吧，妈妈你讲吧。"

"什么故事？""小壁虎借尾巴。""你这个小调皮！"忍不住亲了她两下，正式开讲。

类似的，还有"要"和"耍"，"酒"和"洒"，"傻"和"俊"；"傻瓜"是"俊瓜"，而"俊妞妞"却称为"傻妞妞"。

这几日，她开始对形近字产生了兴趣，每发现一对，就要这样"把玩"许久。我没提醒她也没准备给她讲，她自己发现的，就由她去吧。希望她每日都有新发现，这样又可凭空多出许多乐趣来。

妈妈私房话

一般情况下，反对早教的人一听说小孩子学字，就觉得是苦得不得了的一件事，会直接反应道：在这样的家长手下，孩子真可怜啊。

可是，笑笑这样完全是把字当成了游戏，动不动就这样玩一把字游戏。她自得其乐，我乐不可支，既开发了智力，又学习了知识，还获得了快乐，这样的事，有什么理由不做呢？

36. 1岁10个月，编第一首儿歌

时光树：宝宝1岁10个月

午饭后，在屋里溜达着玩的笑笑，在一张英文字母表前有了发现，"Qq""Qq"她叫道。我过去一看，她小手指着"Pp"，原来是把"Pp"当成了"Qq"。我告诉她这个是"Pp"，下面那一个才是"Qq"，于是她便"Pp""Qq"地念了起来。

过了一会儿，她说屁股疼，怎么办呢？"来，妈妈给你揉揉。"不知道她是真疼还是假疼。刚揉了两下，就不疼了，有感而发道："小屁屁，圆又圆，妈妈揉一揉，真呀真好玩。"还挺押韵合辙的。

37. 英语怎么办

时光树：宝宝1岁11个月

英语，我觉得要想让她脱口而出，我也必须脱口而出才行。如果不能营造这样的环境与氛围，仅是靠听听看看碟片，想让她达到那种程度，看来只能是空想。如果只是会几个单词、唱几首歌、说几句简单的话，那还不如不考虑，不花时间在这上面的好。

38. 康氏培养的笑笑读书王

时光树：宝宝1岁11个月

"行百里路者半九十。"笑笑的阅读，目前大抵如此。

前几日买了那么多的书，其中儿歌书又占了一定比例。我主要是想到该让笑笑自己读书了，要让她自己读书，没有合适的书能行吗？

这几日下来，读了《小天才都爱读的经典儿歌》小半本五十来首；《金童谣》几首，这书趣味性差了些；《三字儿歌》全本四十多首；《快乐儿歌》半本十几首；《新儿歌》几首，不合笑笑的口味；《念童谣》全本三十多首；《猜谜语》全本三十多首；《欣赏小散文》几篇，新形式不适应；还有若干个小故事。我一不教读二不做任何提示，笑笑在我的鼓励夸奖和小星星贴纸的物质激励下，自己读。

让我们颇为意外的是，笑笑拿到新书，打开，一开口，就读得不但流利而且准确并且生动，一点儿也没有磕磕巴巴的一个字一个字地往外蹦，完全不像我和笑笑爸开始时想象的那样。笑笑爸总结说，这孩子语感好得很呐！

还有，她读书时绝对胸有成竹。当她愿意读时，都是一气呵成；当她不愿意读时，肯定是书里有生字，哪怕一篇中只有一两个生字，只要被小人儿瞟上一眼，马上就摇头说不读不读。等我仔细看一下，就能发现她哪个字不认识了。

意外中的意外是像"寂寞"呀、"孤独"呀，这些我认为她根本不认识的，她竟然也能读出来！真是要感谢康氏幼儿读书王，笑笑成了一个小小读书王！

存在的问题倒是我预料之中的。笑笑愿意读儿歌，不喜欢也无法读故事。不是能力问题，从字的角度看，浅一些的故事并不比儿歌难，但是因为笑笑对画面的关注并不比字少，她每读一页或一段总是会把画仔仔细细看一遍，同时还要加上啰唆无比的详细讲解，有时她的思绪会天马行空地跑上一大圈再回来，这样就造成了阅读的不连贯。而与此同时，她还急于知道故事结果，所以，几次三番下来，就没了耐心和兴致，一看到故事，就让妈妈讲。

几日下来，我也没想出什么好办法解决这个问题。难不成就只让她读儿歌？

也许，年龄是个重要原因吧，当我实在想不出什么办法解决问题时，我总是这样安慰自己。

不知那最后的十里路还要走多久？

眼看着笑笑就快2岁了，这篇日记权且算是对她的阅读做个交代吧。

39. 小丫头有书柜了

时光树：宝宝2岁

幸福的小丫头笑笑拥有了自己的书柜。我是结婚后才有了属于自己的书柜，跟我相比，她真是太太太太幸福了！

买这个书柜，是用发展的眼光选的，所以把笑笑所有的书装进去，空间依然很富余。

笑笑现在认识的字应该有两千个之多了。

现在的阅读,她自己读的比例越来越大。

总之,笑笑的发展,一切良好。笑笑的身体,茁壮成长中!

分享篇:怎么教,教什么,如何培养习惯与氛围

1. 总结:突飞猛进,全面提升!

时光树:宝宝1岁3个半月

小女笑笑,已 15 个月 14 天大。身高(净高)大概有 84 厘米,体重(毛重)13 千克。这一年她生病的次数非常有限,病因基本都是吃太饱了撑的。综上所述,应该算是个健康宝宝。

各方面总结如下:

第一,能做大动作。

9 个月开始走,10 个月走稳,现在能自己踢球、原地转圈、后退、小跑,她能自己跑自己停。在走路和跑步时,没有障碍物或地滑等原因一般不会摔跤。

玩的东西滚到沙发底下时,会学着大人的样子趴在地上,撅着屁股往里看,同时伸手尝试把东西拿出来,有时会拿另一个东西去拨。

由于住在 1 楼,没有上楼梯的条件。她可以独立上和下 3 级台阶,都是先上/下一只脚,然后再是另一只脚,稳当了之后,才是下一个台阶。如果她目测台阶较多,不管是上还是下,她比较中意的是用爬来解决。

虽然现在穿衣服多了已经严重地影响了她的灵活性，但是家里的沙发、大床、电视柜仍然能自己爬上去。喜欢从小床（带栏杆）上跨栏到大床，然后再跨过去。

第二，能做精细动作。

能垒三四块积木（引导下），从不主动玩积木，要么就是把我摆好的积木哗啦推倒，哈哈地拍着手笑，要么就是满地扔积木。

能拧开瓶盖，前提是我要先把瓶盖拧松一点。

十分喜爱掏耳朵。挖耳勺被我锁到抽屉里以后，就拿棉签掏，不光是给自己掏，还想帮家里的所有人掏。我们都幸福地享受过该项殊荣。

喝酸奶，我给她插好吸管后，有时她会拿着吸管调皮地插着玩。先是拔出来然后就往里插，经过她坚持不懈的努力，现在大部分时间能够成功。

套塔和抢球大赛玩具（用小木勺把球舀出来）都能熟练操作，基本上没兴趣。

能用铅笔和水彩笔随性画，我看不出所以然，感觉很像是名人签名。

会翻书，一页一页地连续翻大概能翻个三五页。

第三，语言认知能力有所加强。

除了"爸爸、妈妈、不、不要、没有、是的"这几个词是反复操练的日常用语外，其余的都是隔三岔五地往外蹦！今天早上就向她爸蹦出"下班"和"不加班"两个最高指示。她蹦出过多次四字一句的意义完整的句子。

已基本掌握小狗、小猫、大公鸡的叫声，其中小狗的叫声最熟练也最惟妙惟肖。

再其余的，就说不清楚了，或者是说我就听不明白了更恰当一些。

能用嗯、啊、哎、喂、哦等词的不同声调轻松应对我们的问话，我问一句她就答一句。还能用这几个词非常贴切地表示她的心情。

Part 2　1~2岁 至关重要第二年

对语言的理解能力是毋庸置疑的，我们说的话（对她说的话）她都能明白，能用声音、语气、动作百分之百表达出她的意愿。

认识眼、耳、嘴、鼻、牙齿、舌头、眉毛、脖子、脚、手、手指头、指甲、大腿、屁股、胳膊、肚子（肚皮）等身体部位，指认的时候可以分清是"妈妈的"还是"宝宝的"，或是"爸爸的""姐姐的"，再或者是书上的小动物的。

能并乐意帮忙拿笤帚、簸箕、杯子、拖鞋等物品。

对认颜色形状等不感兴趣，你要问，她就驴唇不对马嘴地乱指一气。

认识若干汉字，具体统计不出，已经不再属于文盲一类。能够长时间看书，主要是听我讲，我感觉讲得多了她能听懂的也越来越多。对画中的内容会经常指认给我看，虽然有时未必是真知道，她会用排除法排出来。除了直观形象的图画外，对文字的理解力也在逐渐提高，很多时候，会配合书中语言做相应动作，比如"再见"时挥手，"开心""好高兴""哈哈大笑"时就笑给我看，书中讲到吃白云、小鱼虾时就趴到书上去啃……听着听着经常会发出会心一笑。

会开关电视、DVD机，会调音量大小（该项能力尚不稳定）。

能伸一个手指表示"1岁"了，有时会发出"yi"音。让她用手指表示2，她会伸出好几个手指，我想是精细动作还没发展到那个地步，但她已知道2不是一个手指头能代表的了。

喜欢打电话，会按免提和重复、拨出键，已成功拨出N次电话，拿着手机时会胡乱拨号。打电话时如果按照她的语气表情给她配上音，一定能让你笑得肚子疼。

第四，自理能力逐渐增强。

吃饭坐餐椅，会自己用勺吃，但速度较慢，因为她要操心的事太多，所以一半要靠喂。能用杯子喝水，用碗喝汤，大人如不控制流量就撒得多一些，自己还控制不好流量。

妈妈教出3岁双语小天才

在正常状况下，白天基本不会尿湿裤子，但还不会主动坐盆尿尿，需要时会拉着大人往卫生间走或是用语言提醒大人，大人主动把她尿尿时，如有就配合，如没有就语言提示大人。出门或白天睡觉穿纸尿裤能一两个小时不尿，拿下来马上排尿，如时间较长，她会每次尿尿时用非常不好意思的表情告诉你她在尿尿，同时还用手指指下边。

模仿力很强，基本是看样学样，扫地热情很高，擦桌子的热情也差不到哪儿去。经常拿餐巾纸擦嘴巴，还做出擤鼻涕状，还真能擤出来，给她一块纸巾她会擦完嘴巴擦鼻子，最后再拿着做擦屁股状。

能自己把袜子拽掉，把扣子给她解开她就试着脱衣服，帮点忙就能脱掉。穿脱衣物时非常配合。

自控能力也在逐渐增强，被禁止的事忍不住再做时，会一边要做一边再伸出小手来回摆着，看着大人，那意思大概是：我知道，不能这样做，您放心，我不会这样做的。

第五，人际交往及其他能力。

比较喜欢年轻漂亮的女性，不喜欢老太太，看到熟悉的小朋友会主动用声音"哎"或是拍手欢迎打招呼。

跟小朋友玩时能和平共处，不胆怯。我们从湖南回来后有时她也敢跟别人抢东西了，另外就是再也不怕那个从前老"欺负"她的小妹妹啦。

爸爸上班要走时，看到爸爸穿外套拿提包就知道了。她会主动表示再见，我外出时就要偷偷溜出去。家里不管是谁带她，保姆也好，姐姐也好，舅妈也好，伯母也好，都能很快适应。

喜欢玩捉迷藏，双向的，找她或让她找大人，都行。

自娱自乐能力很强，听音乐和歌曲时，高兴了，会挥舞小手，跟着音乐晃动身体，特别是外出时一听到节奏感强的音乐就会扭动身子舞起来，看起来很高兴。心情实在太好控制不了时，她会连续的"嗯嗯哦哦"的，好像唱歌一样。

荣誉感极强，做个屁大的事儿都要你鼓掌。她先带头鼓掌，你一定要及时跟上，否则就会点你的名！

极爱面子，在家以外的地方几乎从不闹人，别人都说她是个真正的淑女。

还有好多一时想不起的，先写这么多吧。

结束语：总而言之，言而总之，带给我们欢笑多多满意多多，同时也让我觉到做父母真是辛苦多多伟大多多！

最后，需要声明的是，这篇总结是本着报喜不报忧的原则写的，好歹我也辛苦了一年，不能再跟自己过不去呀。

2. 语言乐事串串烧

时光树：宝宝1岁4个月

（1）同音字"剔"和"踢"

讲故事讲到《小熊给鲸鱼剔牙》，本来坐在我腿上的笑笑要下来。下来后，伸出她的小脚往书上踢去，哦，我明白了，她是在给鲸鱼"踢"牙哩！

这可叫我怎么能给她解释得清楚哩。

（2）断章取义

爸爸说"宝宝去打妈妈"，我赶快说"宝宝去打爸爸"，爸爸接着说"宝宝不打爸爸"，笑笑终于听清了"打爸爸"三个字，哈哈！走到爸爸面前，一巴掌打过去，啪！响亮得很！

我和笑笑还是有点交情的啊。

（3）鹦鹉学舌还是言为心声

"宝宝，你爱妈妈吗？""爱！""爱得多不多？""du（多）！""爱得少不少？""少！""妈妈好不好？""好！""妈妈坏不坏？""坏！"

什么叫鹦鹉学舌？这就是！难道是言为心声？肯定不完全是也应该

妈妈教出3岁双语小天才

不完全是！

3. 良好的专注力

时光树：宝宝1岁8个月

话说笑笑小朋友，从正式看电视以来，就表现出很强的专注力，只要电视开着，她能够眼也不眨一下地一直看下去。不过，我们平均每天也就让她看半小时的电视。

发展到现在，即便不开视频，只有声音，她也照样能端端正正坐在沙发上，老老实实地听到底。

从电视发展到录音机，也是这样子。大约从1岁半开始，长一些的故事磁带能够专心听进去了，不像以前放录音时她该干吗就干吗。我想，这是由于听懂了、听进去了才爱听。但我多么希望她能够在听的时候能"一心两用"呀，那该多好啊！那样我就不需要专门安排时间放东西给她听，只要像以前她玩的时候随便放录音就可以了。

现在她在听东西时，真可以做到对其他事物充耳不闻，什么门铃响了，爸爸回来了，妈妈出去倒垃圾了等，这些平时较关注的都被抛到九霄云外去了。即便是我要跟她说什么话，都要跑到她面前把脸贴在她脸前问她，或者是要拍拍她的小脸她才会回过神来。当然，如果我从一开始就陪在她身边，适时地给她做一些讲解，她习惯了我在身边说话的方式，她的表现就是正常的。

有时看她那专注的样子，感到好笑又担心。好笑的是，这么大个小屁孩儿听起东西来这么浑然忘我的样子真可爱！担心的是，这孩子该不会有什么问题吧？

妈妈私房话

这个小朋友的语言学习，特别是后来的英语，通过听，真是受益匪

Part 2　1~2岁 至关重要第二年

浅。听，是最不需要大人费力气做的事。只要有简单的设备，只要大人记得往设备里装适合孩子听的内容，就可以！

4. 唱儿歌吃饭法

时光树：宝宝1岁9个月

"妈妈，我有个问题。"

"什么问题？你这小家伙！"我感到非常好笑。

"你帮我冲奶喝吧。"

"不行，现在不是喝奶时间。"

看看表，快11点了，我提议，"吃水果吧。你是吃西瓜呢？还是苹果？还是香蕉？"

"西瓜。"

"妈妈，咱们捉迷藏吧。"

"好呀。"

"妈妈快来找你的宝宝吧。"笑笑藏好了喊着。

"你在哪里？"

"你猜猜。"

"你在厨房吗？"

"不对。"

"在睡觉屋吗？"

"不对。"

"那你在哪儿呢？"

"我不告诉你！"

"哦，我知道了，你在客厅，你在沙发上，你在窗帘后面藏着哩！"

"对了，对了，你快来找我呀！哦！原来宝宝在这里呢！"后面那一半是原本属于我的台词。

我看到了被落地窗帘包裹在沙发上的团成一团的笑笑。

这样掩耳盗铃的把戏一天之内玩上一百遍她也不会玩够。

"妈妈,你唱首歌吧。"笑笑"艰难"地用筷子挑起面条。我坐在旁边看她吃午饭。

"好呀,唱什么歌呢?"

"唱《划小船》。"

"划、划、划小……"

"不是不是。"笑笑打断我。

"那唱什么呀?"

"唱 ABCD 的划小船。"笑笑不说"英语"也不说"英文",以"ABCD"代替它们。

"好的,你要说清楚妈妈才知道呀。Row row row your boat……"唱完了。

"再来再来。"

"你要赶快吃呀!"我催她。

"还唱还唱!"笑笑一边吃着一边催促着我。

"好吧……"一遍一遍又一遍,一直到她把饭吃光。

幸福就是这么简单。

5. 联想与想象:关于"马"的长篇大论

时光树:宝宝 1 岁 10 个月

现在学的这批成语有"一马当先""马到成功"和"快马加鞭",这三个跟"马"有关的。每每看到它们,笑笑可来劲了,必是一把夺过来,一边拿着看一边念,然后就开始讲"马的故事"。

Part 2　1~2岁 至关重要第二年

这个马，是旋转木马的马哟。(开场白)

有一天，妈妈带我去公园，让我坐了旋转木马，还有妮妮，还有妮妮妈妈，哦，对了，还有妮妮爷爷和妮妮奶奶呢！我们去玩翻斗乐，里面有好多大哥哥、大姐姐。有个大姐姐一下子跳到海洋球池子里去了，她好棒呀！宝宝和妮妮拿积木搭房子，搭得好高好高！("好了，好了。"我急于进行下面的课程，打断她，不过她并不理我，她总是接着说下去)

突然，爷爷奶奶怎么不见了呢？宝宝张开大嘴巴喊："爷爷奶奶！你们在哪儿？我在找你们呢！"哦！找到了！爷爷奶奶走过来了！("好了，好了，讲完了。"我再次打断她，试图把她从回忆中拉回。可是呢，她还没说完)

我们玩得很开心。然后，妮妮妈妈请我们到肯德基吃饭，我吃了许多许多薯条，还吃了鸡肉，还喝了橙汁！我和妮妮还在里面玩滑梯了，那里还有个大镜子，我一照就变成胖子了。("哈哈，真好玩！我们下次去翻斗乐还坐旋转木马，好吗？"我觉得是时候结束这个话题了)

好呀好呀。

听我这么说，小人儿终于就此打住了，我们继续下面的课程。我真是服了她了，由"马"到"旋转木马"到"翻斗乐"，再到"肯德基"，这简直就是篇口述日记嘛！

搞得我现在很怕看到"马"字，因为一旦她也看到了，我又要再听一次她的长篇大论了！

(备注：黑体字是笑笑说的话)

妈妈私房话

联想来源于什么，想象是怎样形成的。我想，联想是建立在已知基础上，想象同样也是。在已知基础上，发挥想象，进行联想。

6. 笑笑的奇妙想象力：沙发、纸尿裤、风筝、蝴蝶

时光树：宝宝2岁

明年这个时候，笑笑就应该是某幼儿园小班的新生了，明年的今晚，我的心情应该是最忐忑不安的吧。

晚饭，笑笑干脆就用小手去抓盘子里的土豆片，左右开弓，吃得肚儿圆圆、小手油乎乎的。递给她纸让她先擦擦，擦了两下，她开始把玩手里的纸。两层的纸被她撕开来，没撕到头，还连了一部分，笑笑欢呼，"沙发，沙发！"我正忙着啃骨头，"先坐这儿，爸爸妈妈都没吃完呢。""纸尿裤，纸尿裤！"笑笑再次叫道，一看，纸又被撕开了些。"蝴蝶，蝴蝶！"笑笑抖动着手里的纸再次叫着，然后又"风筝，风筝！蝴蝶风筝！"最后，把纸握成了一团，"棉花糖，棉花糖！啊呜啊呜，我要吃了你！"作势去吃。

你还别说，她说是啥我就看着像啥，所以，我一直夸张地夸奖她，"哎哟！宝宝可真棒！"类似的话，那绝对是不绝于耳的。

想象力是个啥东西，怎么培养，我现在是一头雾水。但，一听到有人说，认字会限制小孩子想象力的发展，认字的孩子看书时将不再看画因此而没了想象力等言论，我就会跳出来反驳一下，咱用事实说话，不要人云亦云。

怎么做才能培养孩子的想象力，怎样做才是真正会限制孩子的想象力，如果没有强有力的理论和事实依据，还是让我们，用事实说话吧。

7. 请小猫、小牛来吃两周岁生日蛋糕

时光树：宝宝2岁

早上醒来的对话：

"生日快乐，宝贝！"笑笑没啥反应。

"宝宝，你几岁了？""两岁。"

"今天是你的生日，你知道吗？今天你就两岁了，是个大孩子了！"

"我可以天天刷牙了，我要自己刷，不要妈妈帮助。""我要自己吃饭，不要妈妈喂我了。""我不能再吃鱼肝油了。""我不能再吃婴儿奶粉了，我跟妈妈一起喝鲜牛奶。妈妈喝大瓶，我喝小瓶。"

转个话题，"你准备怎么过生日呢？""妈妈给宝宝买个蛋糕吧，我请好朋友来参加生日聚会，你请小猫和小牛了吗？"笑笑把球抛给了我。

"你还准备请谁呢？"对她的无厘头问题，我"听而不闻"。

"请……（笑笑请了一大串人）来我家，我和大家一起分享我的生日蛋糕。"

生日聚会、生日蛋糕、生日卡片、生日礼物，这些词语她早已会说中英双语的了。

吃喝玩乐了一整天，我想，笑笑终于有机会对"生日"有了切身体验。

笑笑越来越大，我身上的担子也越来越重了。

为人父母，责任重大，我能做的，除了努力，还有尽力。

1~2岁教养总结及笑笑妈建议：

总结：

（1）身体永远是基础。要让孩子有足够的活动量。

（2）非智力品质，性格、习惯及独立能力的培养，任重而道远。

（3）言传与身教，一个都不能少。孩子是一面镜子，想要她成为什么样的人，先提高自己吧。

（4）既要寓教于生活，又要寓教于娱乐。

（5）要以只问耕耘，莫问收获的良好心态进行各项教育。

建议：

（1）生活及学习都要有规律。不要三天打渔两天晒网。一方面，生活中时时处处都可以学习；另一方面，要形成固定的学习时间、地点。

（2）孩子学说话时，不管他会说不会说，不管他说的咿呀还是嗯啊，都要及时给孩子热情的回应。你只有热情听他说、跟他说，他才会愿意跟你说、对你说。

（3）像学说话一样，学识字阅读也是这样，在前期一定要给孩子大量的输入，他才会有足够的"内存"。不管你是否赞成对孩子进行早期识字阅读教育，我都建议一定要多读书、读好书给你的孩子听。阅读，是孩子一切学习发展的基础。

（4）孩子要在与人交往的过程中学会并具备交往能力。要给孩子多创造与人接触的机会。

（5）没有教不好/会的孩子，只有不会教的家长。教养孩子的过程中遇到任何问题，都能从教育者身上找到原因。所以，我们要学会从自身找原因，遇事先反思。

（6）最大限度地保护与呵护孩子与生俱来的好奇心、想象力与求知欲。

Part 3
2~3岁 硕果累累第三年

理念篇：慢慢养，用心教

1. 孩子就是一面镜子

时光树：宝宝2岁半个月

笑笑真的长大了，如果我不理她，看样子她能够整天整天的自己玩了，根本就不需要我了。2岁后，我对她更放手了些，经常提议："你自己玩吧，妈妈有事要做。"然后就躲到书房去，她没表现出什么不适，倒是我长时间不被她召唤，时常会有失落感。看着沉浸在自己童话世界、想象世界中自得其乐地开心玩耍的笑笑，真是感到欣慰。

与年龄同步增长的，还有她的脾气，一部分是反抗期的原因，另外呢，不得不让我做深刻反省，尽管我已刻意避免在笑笑面前发火，但笑笑还是多少受到了我的影响。孩子是一面镜子，孩子有什么问题，那问题一定是出在大人身上。以前从来没想到过，当一个小孩子的好妈妈这么不容易。之前想的，只是等有了小孩，尽力爱她、养她、教她。现在意识到，我需要从根本上改变我的一些弱点。

妈妈私房话

一个人，如果不能做自己情绪的主人，就只能是自己情绪的仆人。时至今日，我仍然在情绪管理这门功课上努力，但也只能勉强及格。唉！

2. 有因必有果

时光树：宝宝 2 岁 1 个月

好几天没听到我和笑笑爸斗嘴，笑笑突然想起了，"妈妈，你和爸爸吵架吧。""我们不吵架，好好的吵什么架？小东西！"不过，说也奇怪，不一会儿，我和笑笑爸拌起嘴来。这边刚刚开吵，那边笑笑就颠颠儿地拿着纸巾来了，"妈妈，你哭吧，我拿纸给你擦擦眼泪。""你安的什么心？小东西！"为了把对笑笑的影响降到最低，我不得不停下来了。

唉，有因必有果。

3. 爱和自由与规则

时光树：宝宝 2 岁 1 个月

笑笑第 4 天以阿拉伯人装束示人，吃过早饭，她把那件衣服又套上了，我真受不了了，昨天给她洗澡时发现她脖子里已捂出痱子了。于是，告诉她，"可以穿上玩一会儿，不能一直穿下去。"

等我收拾停当，让她脱，"不！""你再穿 5 分钟吧，5 分钟后妈妈帮你脱。"5 分钟后，给她脱，她大哭并扭着身子抗议。我非常强硬地把那件衣服一把拉下来，扔得远远的。笑笑跳着脚哭着捡回，还要往头上套。我一边把衣服从她手中夺回，一边跟她讲："本来妈妈是想让你穿的，但是你脖子里已经出痱子了，所以不能一直这样穿下去，我说不行就是不行，哭也没用。"然后我就坐到沙发上。笑笑扑过来夺那件衣服，还是往头上套，穿好了，就过来找我，"妈妈给我讲故事吧。""不讲，你把衣服脱下我就讲，你穿着我就不讲。"

笑笑以更大的哭声向我示威。我拿起一本《读者》看了起来。笑笑哭着坐到我身边，我躲到一个小沙发上去，她再来，我干脆坐到地上，我看我的书，不理她。她看我真的不理她了，就坐到沙发上去了，没有哭声，也不说话，敢情是跟我"静坐示威"？我才不怕呢！

看完《读者》，我到书房上网，开着门让她可以看到我。笑笑静坐了20分钟，忍不住了，到我身边撒娇："妈妈，你抱抱我吧，我想你了。"我和颜悦色地说："好的，你把这件衣服脱掉，把它放到睡觉屋的衣架上，妈妈就抱你。"笑笑现在哪顾得这件衣服，只要我能抱她就行，飞快地跑了。等回到我身边，我抱起她狠狠地亲了几口："乖宝宝，妈妈很爱你，所以，不想让你再长痱子，那会很难受哦，所以，那件衣服你可以穿上玩一会儿，但不能一直穿，知道吗？"笑笑点了点头："知道。"

我相信，以后她不会再为类似的事跟我闹别扭了。

前3天，我给了她百分之百的自由，因为我爱她，只要她开心快乐就好。第4天，我给她有限度的自由和必须遵守的规则，还是因为我爱她，不能让自由伤害到她。

爱，是无条件的爱，她乖、她好、她聪明，爱她；她不乖、不好、不聪明，还是爱她，而且更是要爱她。有了这样的爱，孩子的自由就有了。有了在爱的基础上的自由，规则就不是一个问题了。所以，我觉得，在孩子2岁前，要先给她足够的爱和自由，然后才是规则的树立。所以，我建议，2岁前，要无条件无原则地满足她的身心需求，你可以引导她，但首先要满足她。

这是我对爱、自由和规则的一点感悟。

妈妈私房话

对于两岁之后的孩子，爱，可以无条件；教育，一定要有原则。

在爱、自由和规则的前提下，孩子的身心会茁壮成长，孩子的智力品质和非智力品质都会良性发展。

Part 3　2~3岁 硕果累累第三年

4. 好妈妈，慢慢来

时光树：宝宝2岁3个月

反思自己前段时间有些心急，总想让笑笑在各方面一下子达到理想境界，让她自己吃饭，让她玩后立即收拾整理玩具……我被急于求成的心态冲昏了头脑，这些要求是突然下达的，并没有给她足够的时间来准备，也没有给她留什么余地，只是一味地态度强硬地要求她。于是，笑笑的日子突然间就不那么好过了，而我，在育儿中也开始品尝苦头。

好习惯、独立能力应该从小培养尽早养成是没错。可问题是，我没有循序渐进，没有站在笑笑的角度考虑问题，最根本的一点是，我忘了她只是一个2岁多的小小人儿。

当我不再像原来那样享受跟笑笑在一起的每一分钟，当笑笑的哭声和委屈的眼神越来越多出现时，我意识到是我错了，我只能停下来，好好地想一想。

首先是白天，笑笑勉强接受了我不在身边的一天，然后万分期待着我回来后能带给她爱和欢乐。可是，我回来了，但突然变得非常的"不可理喻"。如果笑笑会表达，她一定会这么说，为什么现在妈妈板下脸来对她提出一个又一个要求，而且是必须立即执行，没有半点商量，那个可爱的能为她干任何事的听话的好脾气的乖妈妈哪里去了。笑笑心里一定非常担心，妈妈白天都不在身边，妈妈每晚都回来"教育"她……

我开始变通，不再要求她必须独立吃完每顿饭，该喂的时候还是喂。比如喝稀饭，比如想让她多吃些青菜，比如饭菜不那么可口，比如知道她不太饿又想让她多吃几口，总之，我给自己很多理由。胃口好、饭菜可口时，她可以一口气吃完一餐饭，勺子和筷子并用，怎么方便怎么来。另外的时候，笑笑自己吃和我喂大概占一半的比例，是混合进行的，除非她提出吃饱了要下地，我还是会争取尽量多喂她一些，我知道这么做不太好，特别是在明知不会饿坏她的情况下，但是，可怜天下父母心，我又害怕她经常没吃饱会对身体发育有什么影响。

收拾玩具和积木，情况好多了，只要提醒她，大部分时间玩具都能马上收起。积木呢，在开始玩时会提醒她不要哗啦一下全倒出来，否则就要她自己收好，于是她就只拿出几块来玩，但后来我发现没有一下倒出来，她少了许多乐趣，所以就不再那样提醒她。她又可以倒积木了，我只是在她不愿自己收时，在她好言相求之后会出手帮她。

我想这样坚持下去，曾经的"问题"，早晚都不会再是问题了，没有必要在短期内非要如何如何。

我知道，在一天的工作之后，面对孩子就不会再有什么耐心和精力了，所以，不管怎样，我都要静下心来陪她走过这最初的3年。

妈妈私房话

那段时间我是早出晚归地参加一个课程的学习。当不再用欣赏的眼光看孩子时，要求突然多了起来，语气突然严厉起来，态度突然坚决起来，心，也突然浮躁起来。

意识到问题，我开始反思，从自身找原因，并开始调整，以适合她的成长的脚步。

是的，假以时日，当初的问题，都不再是问题。养孩子，不是流水线机械化作业，为什么非要在那么短的时间内如何如何呢？

5. 家长要注意自己的言行

时光树：宝宝2岁5个月

我身体不舒服，午饭后先睡了。笑笑在卧室玩，一会儿喊我要喝水，一会儿又喊我看她的脚蹼，用纸袋套在脚上做的。我强撑着睁开眼睛，"唉"地叹了口气，还没来得及说"养个小孩可真麻烦呐！"笑笑已经抢先说了出来，语气模仿得惟妙惟肖！让我不知道该说什么好。

晚饭后，笑笑催笑笑爸做一件事，又用了我惯常与笑笑爸开玩笑时用的语言。以前她经常说，我们不但没制止反而还觉得挺好玩的，但今天我听起来格外刺耳，觉得任其这样说下去可不合适，于是，板下脸来告诉她："以前你是小宝宝，偶尔这样说说还行，现在过了个年，你长大了，更懂事了，以后不能再这样跟爸爸说话了。"想了想，又告诉她："以后妈妈也不这样说爸爸了，这样不礼貌。"

唉，要改。一定要注意自己的言行。身教重于言教啊！

6. 妈妈对孩子的影响根深蒂固

时光树：宝宝2岁半

英文的学习，这段日子因为这样那样的原因并没有做到每日阅读。想想真是对不起她的学习能力。

每日坚持，必有收获。

在她身上，好的一面就不说了；不好的那些，我分明都能找到自己的影子。妈妈对孩子的影响，真是太根深蒂固了。我要与她共同进步才行啊！

7. 每个孩子都有属于自己的那份精彩

时光树：宝宝2岁7个月

这几日笑笑自发阅读的比例越来越多，完全的自觉自愿。如不是亲眼所见，没人会相信一个2岁7个月的孩子会把读书当成玩耍的方式之一，而且很享受。

上周的动物园之行，与同龄小朋友一起。在我看来，每个孩子都有问题，也包括笑笑。不拿自己的短处与别人比长处是对的，比，就一定会不平衡。孩子各有长短，也都有属于自己的那份精彩！

8. 我要努力改变自己来影响她

时光树：宝宝2岁9个月

笑笑的记忆力与观察力极好，能想起很久之前发生的事情。比如过年回妈妈老家和爸爸老家时发生过的，虽只是偶有提起，却是历历在目。读书过程中经常注意和发现的一些细节，都是我根本看不到而忽略的，所以在阅读中往往她能发掘出更多乐趣。

情绪控制方面，不再像以前那么容易心急了，但她发火的样子和方式，仍然会令人难堪。除了认命，我能做的也就是努力地改变自己，去影响到她。

方法篇：让耳朵学会听，让嘴巴学会说

1. 看笑笑说文解字

时光树：宝宝2岁

"木""大""可"是什么字？且看笑笑说文解字。

吃水果时，笑笑看见墙上贴的"中国"二字，问："妈妈，那个'国'里面不是个玉字吗？""是啊是啊，你可真聪明呀，妈妈还没看出来呢！""妈妈，你看，玉的外面有一个方框把它框了起来，它就变成国了。"

印象中她这样拆字，最早的是椅子的椅，"妈妈，这不是'木''大''可'吗，怎么一变就变成椅子的椅了？好玩！真好玩！"由"椅"开始，此后一发不可收拾。

有时，她会推理着说。看到赵钱孙李的"赵"，"这不是赵阿姨的赵么！"看到继续努力的"继"，她又想起了继红阿姨的继。有时也会闹些笑话，比如她每次看到不久的"久"，就会大声嚷着说："这是爸爸喝啤酒的酒。"我只随声应和着她，不纠正她，我想总有一天她自己会发现此"久"非彼"酒"，就让她先糊涂着吧。

念书到"盘旋"二字，笑笑停下来给我解释："这个'盘'是盘子的'盘'，这个'旋'，是旋转木马的'旋'。""是吗，宝宝真棒！"我得装作好像我啥都不知道似的。今天值得再记一笔的是，读到"企盼"二字，她停下来问我："这个'企'是企鹅的'企'，'盼'呢，是什么'盼'呢？"

2. 英语学习从阅读起步走得通吗

时光树：宝宝2岁

英语学习，本来想从阅读起步，我觉得她要是会读了就应该会说了。笑笑学读的这个过程我正好可以练习说，等我说得熟练了再带着她说，因为我现在无法做到什么都脱口而出。但实施了这么一些天，发现，唉，怎么说呢，总之是困难多多，还得好好想想，这一条路，究竟能不能走得通。笑笑倒是喜欢翻看这些书，但是，她更喜欢用中文讲，不管是我讲给她，还是她讲给自己听。

妈妈私房话

那时，我的思路还是停留在用自己说英语的方式教英语，还是被双语养育的理念影响着。即便是已经开始的英文读物阅读，所寄予的希望也是她会读了之后说出来，根本想不到，这条靠说学英语的路，对于我这英语不好的人来说，走下去，结果只能是死路一条。

3. 欧阳修三上读书，笑笑厕上读书

时光树：宝宝2岁半个月

据说当小孩子专注于某事时，大人最好不要打断她，这会有助于培养小孩子的专注力。这是很有道理的，可是，问题是，如果我不打断她，她会一直专注下去，我就被晾在一边没事干了。

比如蹲在便盆上尿尿，她随手抓了本《幼儿画报》，一直把整本画报看完，她才站起来。结果一起来就嚷嚷着脚麻脚疼，你说我要不要中途干涉她一下呢。

4. 年龄最小的童书评论家

时光树：宝宝2岁2个月

汇报汇报上次买的书。

《鼹鼠的故事》，一本书一个长故事，如果边读边讲，讲完一本需要35分钟，如果只读不讲且是用快板速度读，也需20分钟。对于我来说，这绝对是苦差事，笑笑绝对不会自己去读这么长的故事，她偶尔会翻着看上一阵子。所以，从实用的角度来看，感觉一般般。

绘本《蚯蚓的日记》一眼还没看，一拿出来笑笑就不要，直到今天也不想看。《荷花镇的早市》已从收到当日的痴迷（当天读了20遍之多）到现在的平静。《阿利的红斗篷》总共看了不到5遍，现在也被划入不要看的那类书中。《驴小弟变石头》也大抵是看了几遍，这本书我一直觉得不适合笑笑看，忍到现在买了回来果然是预料中的结局。

Part 3　2~3 岁 硕果累累第三年

《金老爷买钟》排名第 2，在这 5 本书中。

其他 2 本之一——《它们是怎么来的》真可以一直让笑笑看到 10 岁？现在的笑笑对这类书还不甚感冒，对我来说倒是本很好的扫盲书。另外一本《城南旧事》内容是没得说，但只能我先看。

《荷花镇的早市》笑笑看了几遍之后，开始回味，并有了提问、评论："阳阳的奶奶呢？这书上怎么没有她呀？""哪是阳阳奶奶家房子呀？""姑姑好辛苦哦！"我问她为什么这么说，答曰："她带着阳阳，还买了这么多东西，还买了这么大的一个大蛋糕……"

《金老爷买钟》看了一遍之后，笑笑评论说："这个金老爷可真糊涂，他老买钟，老买钟，把我都买糊涂了。"呵呵，当时我除了陪着她笑，没啥好说的了。

5. 2 岁 2 个月自编儿歌 8 首

时光树：宝宝 2 岁 2 个月

笑笑这一段时间编的儿歌——

1. 大车大，小车小；
   大车比小车大，
   小车比大车小；
   大车没有小车小，
   小车没有大车大。

2. 妈妈高，宝宝低；
   妈妈比宝宝高，
   宝宝比妈妈低；
   宝宝没有妈妈高，
   妈妈没有宝宝低。

3. 等我长大了,

   长出胡子了,

   戴上眼镜了,

   就能和爸爸一样,

   吃辣椒了。

4. 下大雨了,

   地上冒泡,

   蘑菇出来,

   顶个草帽,

   妈妈妈妈,

   快拿雨伞,

   还有雨鞋,

   给我穿上,

   咱们去玩吧!

5. 爸爸爸爸,妈妈妈妈,

   爸对爸,妈对妈,

   爸爸对爸爸,妈妈对妈妈,

   爸爸对妈妈,小舅对姥姥,

   大舅对舅妈,宝宝对姐姐(接着又把称呼换成人名"笑笑对××")。

   我爱爸爸,我爱妈妈,

   我爱小舅,我爱姥姥,

   我爱大舅,我爱舅妈,我爱××(姐姐),

   大家都爱我!

6. 你吃饭来我喝汤,

   啊呜一口吃个精光!

   妈妈吃饭,宝宝喝汤,

   妈妈喂我,吃得真香!

Part 3　2~3岁 硕果累累第三年

7. 小鸭子，爱游泳，
   爱捉鱼，爱捉虾，
   呷呷呷，呷呷呷，
   呷呷呷呷呷呷呷。

8. 晴天太阳出来啦，
   阴天太阳不出来，
   太阳回家睡觉啦，
   月亮晚上来上班。

笑笑一旦诗兴大发，就会摇头晃脑地吟诵起来，有些是触景生情生出来的，有些是有感而发发出来的，还有一些呢，是信口开河开出来的。

我现在能够想起来并记下来的，远没有记不起的那些精彩生动。

笑笑说自己编的是儿歌，小人儿可没敢上升到诗歌的高度，但是我觉得听起来好像比梨花体更像诗呢！难得的是她尽量把字凑齐了，同时还要考虑意思的完整，而且还基本是脱口而出。

6. 我庆幸在忙碌之前让笑笑爱上了阅读

时光树：宝宝2岁2个半月

我很庆幸，在工作忙碌之前，让笑笑爱上了阅读并学会了阅读。现在每天只有晚上这段时间是我们的阅读时间了，笑笑很体恤我白天的劳累，所以，这段日子大部分时间都是她读书给我听，虽然并不完全是主动的，可是稍微一鼓励一表扬，她就上钩了。等我忙过手头这个考试，我还是要多读给她听。

读书时，我觉得笑笑会认的字她都认得，基本上八九不离十。但凡我觉得笑笑不会认的字，她倒未必就不认得，时常让我暗自惊讶半天，比如"新约诺贝尔"这几个字，我以为"诺"和"尔"她不会，不料她很流利地就读了出来。"咦？这个'诺'你怎么会认识的呢？""这不是'诺诺'的'诺'么。"哦，原来是天线宝宝中的吸尘器诺诺。"那这个'尔'呢？""这是《小白》中的'塞萨尔'的'尔'呀？"说完她还怕我没想起，补充说明，"'塞萨尔'是小白的好朋友啊，你想起来了吗？"她这种天生的归纳总结能力真让人惊讶！惊讶之余，笑笑更让我感动的是有时我忙着做事，笑笑自己在客厅看书，看着看着她会拿着书来找我，"妈妈，这个字我不认识，你告诉我吧。"

小孩子的学习能力真强，强到不可估量。遗憾的是我无力给笑笑更多的指导。我在同一时间段内，只能专注于一件事情，再没有能力顾及其他。摊上我这样的笨妈，笑笑也就只能认命。

7. 菜谱也读半小时

时光树：宝宝2岁3个月

晚饭吃火锅，请了弟弟来。笑笑很开心，吃着吃着，突然发问，"小舅，你怎么还没有喊姐姐呀？"弟弟解释说我们大人不是每天都要叫姐姐。笑笑可不管，开始一遍遍地催问，"你怎么还不叫姐姐呀？你叫呀，你叫呀，你快叫呀！"没办法，弟弟只好喊了我一声，我也装模作样地答应道"哎，弟弟！"笑笑总算是放了心，继续吃饭。

弟弟走时，再三交代我明天送笑笑过去不要忘了给笑笑带书。据说上周五忘了带书，笑笑百无聊赖中竟然逮着一本菜谱看了半个多小时，嘴里还念念有词，"红烧羊肉，配料……做法……"弟弟说他听得口水都流出来喽！

妈妈私房话

我上学的那段日子，一早就把笑笑送到弟弟家去请他帮我照顾，他那时刚好在家里工作。

Part 3 2~3岁 硕果累累第三年

8. 对婴幼儿来说，英语就是一种方言

时光树：宝宝2岁4个月

从《我的第一本英文书》开始，坚持每日给笑笑进行20分钟的英文阅读，同时努力开口多说英文，哪怕只是临时想起的一个单词或是一句语病百出的句子。我相信，语言的学习，首先要给她接触的机会，她才有熟悉、接受并掌握这门语言的可能。坚持到今日，效果显著。

到了今天，我已不再羡慕那些家庭里实施双语养育教育的孩子是多么能干了。任何孩子只要有机会，都能达到那样的水平。对于小孩子来说，英文，只是一种方言。她生活的环境中，她接触到的人中，有人用这种语言，她自然就会学会。这简单的道理，我竟然花费了这么久时间才搞明白，真是笨得可以。

妈妈私房话

没想到从这时开始的每日英文阅读，一年后竟然结出了预料之外的丰硕成果！笑笑在2007年12月时具备的英文能力，不管是阅读，还是口语听说，都远远超出我曾定下的她6岁达成的目标！

而笑笑通过阅读学会英文的成功实例，为许多和我一样的哑巴英语家长带来了福音！因为，跟那些可以不费吹灰之力就对孩子进行双语养育的家长们相比，我们不具备英文好的先天优势，但是我们可以不费劲的做到给孩子读读英文书，通过阅读教小孩学英语，事实证明是切实可行的！

之前困扰我长达半年之久的，不开口说英语，怎能教孩子学英语这个问题，从那时起，再也不是问题了。不夸张地说，2006年12月30日这一天，对于很多口语不好但又在实施亲子英语学习的家长来说，具有划时代的意义！

9. 每日阅读就像呼吸一样自然和必需

时光树：宝宝2岁4个月

带笑笑到院子里走走，刚出去就碰见嫂子带着侄女来了，只得打道回府。笑笑和姐姐一直玩到了8点半，到了事先说好的分别时间，两个小朋友还是不舍得分开，大的说反正明天不上学，小的眼泪汪汪地不让姐姐走。嫂子说侄女回去还要读书还要背英语，所以还是走了。

笑笑一看她们真的走了，倒也就不再伤感了，转身到书架那儿拿书来让我读，一本一本又一本，如饥似渴。昨天上午小朋友在我家玩时，笑笑也在玩耍间隙中拿了几本书自己一个人坐在那儿认真地阅读，全然不理会身边的喧闹与嘈杂。书，就像玩具，阅读，就像呼吸，一样的自然，一样的必需。

总结一下去年12月20日开始至今已进行二十余天的英文输入。笑笑不再排斥我阅读用英文。对我在生活中说的英文非常感兴趣，对刚听到的英文总要问几遍"你说的是什么意思？"让我用汉语给她解释意思，对已经听懂的喜欢模仿着说。尤其对动物名称、食品名称和颜色感兴趣，这一点倒是跟刚开始识字的情况类似。对看到的包装袋上的及店铺招牌上的英文，会主动问，"这个怎么念？是什么意思？"

相较于我少得可怜的输入，笑笑的输出是非常惊人的：

到饭店吃饭，对服务员说自己要坐 Baby's chair。

走出楼道，会说 It's cold！

看到物品喜欢说一下颜色，It's red /yellow /blue /purple /pink /green（目前熟练掌握的几种颜色都能说准），紧跟其后的还有 The same like Xiaobo /Dingding /Dixi /Lala（跟天线宝宝颜色一样的都会说这句）。

Part 3 2~3岁 硕果累累第三年

需要帮助时，Mommy, help！更进一步就是 My dear mommy, help me/ help baby！

看到动物或食品时，会用 It's 加上英文动物名称或食品名称。

看到汽车，喜欢直接说 Red car，Yellow bus 这样的词组，不喜欢说完整的句子。

喜欢数数，Let's count，one，two……

玩跷跷板，See saw, back and forth 这样一路喊下去，小朋友及小朋友奶奶听不懂，问她说的什么，她理直气壮地答曰，"我说的是 English 啊，我说的不是中文啊！"

凡是会的单词，每次都不遗余力地说出来。

表示自己的意见或选择时，能够熟练用 Yes 和 No 来表示。最好玩的一次，她要我给她扎小辫，因为是晚上该睡觉了，我不给她扎，她继续要求，我说"No！"她仍然继续要求，我还是说"No！"几次之后，小姐急了，跳着脚叫"Yes！Yes！Yes！就要扎！就要扎！就要扎！"

应该还有一些，目前我只能想到这么多了。

妈妈私房话

语言，在孩子眼里，就是这么简单，记住了意思和发音，就会拿来表达她自己要表达的意思。

10. 幼儿英文阅读，材料要选对

时光树：宝宝2岁4个月

笑笑开始拒绝看英文书。出去玩了一整天，晚8点多回来，睡前阅读仍然拒绝英文书。看来，英文阅读材料也要跟得上才行。现有的这套，因为太简单，即便笑笑还不能输出什么，但她也早已理解，说不定有些已经会背会用了，只是还没有表现出来，所以，提供新的适合的材料给她是当务之急。

从上周开始,笑笑经常叽里呱啦地背英语儿歌,仔细听都是洪恩第一张碟片上的,她竟然已全会背了。因为会了,看时就会跟老师一起边做动作边表演。上周四换了第二张。每日看一次。想想这套碟片,买了这么久,在开始的3分钟热度过后,就被尘封了起来,直到这次开始英文阅读才又拿出来,真是浪费了不少大好时光。

英文阅读,今天不足10分钟,读了两页《儿童英语1000词图册》,在我的利诱下才又看了两本《我的第一本英文书》。

接下来的英文,阅读一定要供应足够多的材料。看碟时我最好陪着,一是要及时了解笑笑接触到的内容,便于"课堂联系实际",另外也有利于更好地理解和掌握笑笑的进度。最起码,她一说英语我就能懂,应该能给她更多的信心和成就感!

今天去了一家英文培训中心试听了一节课。笑笑被安排在3—4岁班上,没有哭闹,坚持了40分钟。我透过门上方镂花玻璃看了几次,笑笑怡然自得地半躺在小椅子上,目光主要追随着外教,看起来很有兴趣。但后来知道,笑笑身边那位极富耐心的助教是专为笑笑安排的,据说她不能离开半步。我商量说以后能不能让我进去陪读,被告知行不通,于是我便打消了报这个英语班的念头。

妈妈私房话

当时的我,一边自己亲身教英语,一边还试图给笑笑找适合的英语班,把英语教育外包出去。因为,我是独自走在一条自己探索的英语学习之路上,这条路,不被所有人看好,可以说是既没有同行者,也没有支持者,所以,时常还是会有些底气不足。

不过,不久之后,即便允许我陪读,我也不会给笑笑报那个英语班了。因为,亲子英语的效果逐渐开始显现啦!

11. 识字：一旦红日初现，就会是一片光明

时光树：宝宝2岁5个月

接到一个网友的咨询："烦死了，孩子不爱学字卡了，怎么办？笑笑现在还用字卡吗？"

我想说，这位家长，小孩子偶有反复，是很正常的，那就顺其自然呗。

笑笑大约在去年六一后就很少用字卡了。从那之后到现在，她阅读中的生字越来越少。刚开始时她读的肯定是比较简单的，后来难度逐渐加深，遇到生字，我都是随机告诉她，有时会随手写在一张纸上，一两天内多问她几遍她就记住了。

用字卡较多的时间，大约是去年春节前后，当时集中坚持的那么一段时间内，她也有不愿意、不配合，那时我就会停下字卡，过几天再用。

笑笑学识字阅读的过程，大抵是这样：开始时她通过认一点儿字得到了鼓励，这激励她认识更多的字；认更多的字带给她更多鼓励，以及更多乐趣，比如在大街上看到招牌标语她大声念出时，旁边的人自然会夸上两句。她识了字就多了一项探索未知的能力，不管是商品还是图书，她一看便能大概明白是什么意思，特别是到后来她能读一些东西时，家长的欣喜暂且不表，她自己的发现未知的惊喜就足以支持她一路走下去，去读更多的书，去探索更多的未知！这一切，形成了一个识字阅读的良性循环。

未见曙光之时，是最考验人的时候。一旦红日初现，就会是一片光明！加油！

妈妈私房话

出了问题，我总是建议做妈妈的先找找自身的原因，先别烦，任何

事情都不会是无缘无故的，没找到原因前，烦；对解决问题，一点儿帮助都没有。

12. 龙共代山英

时光树：宝宝2岁半

到银行办事，笑笑念起工作人员桌上的名字牌，"龙共代山英"。哈哈，难道是个日本人？非也。原来这前两个字，笑笑都不识得，于是便拆开了来读。我和那龚小姐都笑了，笑笑觉得这个名字挺好玩，就一遍遍地读得越来越起劲了，人家赶忙停下手中工作来笑着说："小朋友，你不要再把我拆开来读了。"

笑笑现在自信满满，她很少再问我不认识的字该怎么念，也不说自己哪个字不认得，因为，不管认得还是不认得，她都能流利地照念不误。遇到不认识的字，左右结构的，她会"差不差，念半拉"连猜带蒙地念；遇到上下结构的，她就像今天这样把一个字拆成一部分一部分的念。

所以现在到手的新书，我需要先快速浏览一下，觉得她哪个字不认得，就事先考问一番，然后再给她自己看。过后再让她把不认得的字多念几遍，下次看时再问她就已记住了。

13. 关于阅读学习及其他

时光树：宝宝2岁7个月

距上次总结笑笑的阅读学习，转眼已有半年，因陆续有朋友询问，有必要再给关注此事的朋友们一个"交代"。

首先跟大家分享一下《康氏中文快速识读教程》的使用心得。

Part 3 2~3岁 硕果累累第三年

笑笑半岁前只是听我读其中的儿歌；半岁到一岁间，只看儿歌书，故事书很少看，那时主要看类似《婴儿画报》那样的小故事书，且大多数时间是随随便便地翻看；大约在一岁后才加入了教材的故事，记得光是《低幼童话》的前20个故事，就反复讲了有百遍之多。笑笑只用了教材的前8本，最后两本及字卡，至今未读。我觉得它们的内容不适合，形式也不适合，另外，笑笑也不再需要增强和提高识字阅读水平了。

我和笑笑都很喜欢其中的《低幼儿歌》，在她开始说话后，经常会边玩边背个不停，有时见到儿歌里描述的物品就即兴地背上一首。这100首儿歌，紧密联系幼儿生活，很是生动活泼。

《低幼童话》的故事跟那种一页一句话以图画为主的绘本比起来，确实不动人。但是在培养孩子专注力及记忆力方面，却有着它无可比拟的优越性。笑笑从开始接受看这种文字比例大于图画比例的书，到最后独立阅读《童话选读》的故事，那段时间正是她语言表达能力及识字阅读能力高速增长的时期，可以说这套书起了很大程度的"推波助澜"作用。我对书中故事的感情也随着笑笑的兴趣和笑笑的大量输出而逐渐加深。她学完了这几本故事书，再去读其他读物，就有一种驾轻就熟的感觉，就不再有什么生字了。之后很长一段时间，我都试图再找这样的一页一个故事，长度和深度都易于小孩子接受，能够兼顾趣味性和知识性的类似读物，但一直都没能找到这么理想的。教材中共175个故事，有许多笑笑极其喜爱的都是读了百遍之多，这是毫不夸张的。

然后就是笑笑2岁后至今的阅读，大致情况是这样的：

70%的阅读时间和阅读量是由我来保证的，大部分是我念给她听，不管是新书还是旧书。期间，我和她有时会轮流读，一段一段，一页一页，偶尔我会故意偷懒，由着她读下去，一直到她停下来说"It's your turn！"我避免让她出声读很多书，除非是短故事。因为她人小、气短，读得多的话她会很累，还有就是让她读出声来跟我读给她听，她感觉是截然不同的，很显然她更享受后者。

另外的 30%，是她自己完成，通常是我和她各自看自己的书。她大多数情况下默读，除了儿歌会整篇整篇朗读，还有故事中有趣的情节和语言，她也会情不自禁地读出声来。遇到不认识的字，以前她会主动停下来问我，现在很少发问。一是因为识的字越来越多，二是因为胆子越来越大，会胡编乱造了，可能还有个原因就是她已经可以把书的意思顺下来，生字并没有影响到她对文意的理解，她觉得没必要停下来问了。这样看来，也许她可以把朗读这个环节跳过或省略一部分，直接进入"阅"读。

最后想聊聊英文的学习。

目前主要以看碟、听碟为主，一天 1 到 2 次，每次半个小时，我能给她的只有这些。在《机灵狗》之前也买了一些原版书，一直觉得无从下手，家里几乎没有英文语境，再加上我并不能像笑笑那样活学活用、学以致用，所以原版书的效果微乎其微。后来我想，还是得像中文阅读那样，有一套系统的并且是循序渐进的读物，这就有了《机灵狗》。

因自身水平有限，所以我并未对笑笑的英文输出报什么不切实际的奢望。我自己目前的心态很好，这样一来，每一点收获都能让我喜出望外。像刚开始会说话时那样，笑笑现在也经常"语出惊人"的来句英文，动不动地臭显摆一下，搞得像个"海龟"似的。

2 岁前学中文，听、说、阅读基本过关。2 岁后开始学英文，同时逐渐接触古文经典。笑笑的语言学习与发展，基本按照我之前的设想在进行着。

交代完毕。

网友评论与讨论

砚儿：

Part 3　2~3岁　硕果累累第三年

谢谢笑笑妈的交代。《低幼儿歌》小雨也是极喜欢，国内能有这样一套教材，真是难得。鼓励一下笑笑妈，中文经典阅读一定要坚持啊，笑笑的语言能力那么好，不读真的是可惜了。关于英语，你看到Doman那边陈妈的那个帖子了吗？如果实在对自己的英语没有信心，从阅读入手也不失为一个办法（就是这个办法实在是有悖于语言的学习规律）。等过几年，笑笑大一点，去美国参加个夏令营，在美国泡上一个月，估计还是可行的，呵呵，我是有这个打算的。就算再努力给她们创造语言环境，也比不上在美国那个环境待上一段时间来的效果好。

jessielyf：

我正期待着笑笑妈的交代呢！谢谢你了，非常详细，好好学习。笑笑的语言发展得这么好，英文起步也很早，你不用担心，依笑笑的天资和你的努力一定会让你收获多多！惊喜加惊喜！

月下小楼：

我不赞成从阅读入手。想想我们中文是先听还是先看的？为什么大部分人讲英文口音那么严重？

笑笑妈：

从阅读入手，我那是没有办法的办法，不过，实施不久后我就意识到此路不通了。我知道，对于小孩子来说，自然习得，就是最科学、最高效的英语学习法。所以，小楼，我赞同你的一切的关于英语学习的方法。

砚儿：

没错，这是一个没有法子的法子。和中国现行的英文教育如出一辙，只不过更加系统化了，实施成本也极大。不过对那些对自己没有信心的Doman追求者来说，不失为一个办法。

笑笑妈：

唉，我恰恰不是Doman的追求者，虽然是对自己的英语不太有信心。

陈妈的那个帖我看了,我想,按照她提到的方法,阅读这条路,我是走不下去的。其实,除了我输入的量少以外,我现在面临的还有一个问题,就是如何把笑笑的输出和生活实际联系起来,比如洪恩的《英文童谣》,她现在已能流利背诵前4张VCD上的几十首童谣了,按说里面的词汇量、涉及的句型等知识也不少了,可我就只会在她背出来后(大部分都是她主动输出)夸奖她表扬她,却不知如何利用这个资源。

如果就这样背完就完,不对此加以利用,是非常可惜的。但怎样用,我不知道。要是可以很好地利用这个资源,那笑笑完全可以就通过这样的方式去"自学",我只在平时给她做一些辅助工作,帮助她进一步消化吸收乃至做更进一步的扩展延伸就可以了。我真的觉得自己很笨。

妈妈私房话

直到这时,以阅读的方式教笑笑学英文,还没能被大家接受。而我自己在当时,也是把给孩子读英语读物作为一个没有办法的办法在坚持着做。

现在,回过头去看,如果没有了我当初的这份坚持,笑笑的英文学习会是怎样的一条路?怎样的结果?怎样的现状呢?另外,许许多多被我的儿童英语学习法影响的孩子们,又该走怎样的一条路才能把英语学得快速高效而且很接近国外同龄孩子的英语水平呢?

有时,成功离你仅一步之遥,只要再坚持一下,通往成功的那扇门就开了!

14. 弗罗拉与 Flower

时光树:宝宝2岁7个半月

读《提姆与莎兰》,每个人名都要读成英文,提姆 Timothy,莎兰 Sarah,苏珊 Susan,利库 Rick,这些都是书上有的,到弗罗拉奶奶时,问我怎么念。我不知道，于是就用一贯的方式把球踢还给她："你说呢？"笑笑思索着说："Flower？对，就是Flower奶奶！"

周日下午借回的书，那天晚饭后笑笑翻了几本，我还没来得及看。周一早上，喊爸爸起床，"喔-喔-喔！light！wake up！"我在一边纳闷，嗯？dad怎么说成light了？我给笑笑纠正，笑笑不领情，坚持说道："light！light！爸爸就是light！"鉴于该儿童现如今喜欢唱反调，这不是啥原则问题，我就继续呼呼睡去了。周一午睡前，笑笑指定我讲新借的那本《狗》，刚讲了一页，我就回味过来，那主人公，狗，名字是莱特！哈哈！而笑笑爸，属狗！我强忍着笑，问笑笑："对了，你早上为什么喊爸爸light呀？""爸爸就是light呀，他不是属狗么！"笑得我，都呛了！

网友评论

微笑的小酒窝：
弗罗拉的英文名字应该是"Flora"，是罗马神话中的花神。但是笑笑的想象力真是丰富呀，人名只是一个代号而已，说"flower"其实也挺合理的哦。

笑笑妈：
笑笑的想象力大概还没有被我给抹杀掉，能在她极其有限的词汇量中把"弗罗拉"和"Flower"对应起来，确实挺让我吃惊的。我后来问她，为啥说"弗罗拉奶奶"是"Flower奶奶"，她给的理由是因为弗罗拉奶奶家的院子里种了很多flower啊。

15. 再婚=再结一次婚

时光树：宝宝2岁8个半月

有句"老虎门前耍大刀"，笑笑读出来的却是"tiger door 前 play

knife"。

她自己想出了一个词，得意洋洋地告诉我说："妈妈，跑车就是run car！"

小人儿自己解释道，"再见=再见一次"，由此推出"再婚=再结一次婚"。

"每天一个苹果，永远不用看医生。"小人儿的解释是，"每天一个苹果，就不用去看医生了，生病了也不用去看医生。"

看到"牛黄解毒片"问，"这是谁买的药？""爸爸买的。"立即跑到她爸跟前，"爸爸，你中毒了吗？所以你要用牛黄解毒片解毒呀。"她爸答道，"没有呀，我……"不等他说完，笑笑颇自以为是地说，"你是吃了毒蘑菇呢，还是被毒蛇咬了？赶快吃药吧，这个药就是解毒的。"

16. 阅读开启想象力

时光树：宝宝2岁9个月

ptsamm：

晚饭，笑笑干脆用小手去抓盘子里的土豆片，左右开弓，吃了个肚儿圆圆，小手油乎乎的，递给她纸让她先擦擦。擦了两下，她开始把玩手里的纸，两层的卫生纸被她撕开来，没撕到头，还连了一部分。笑笑欢呼"沙发，沙发！"我正忙着啃骨头，"先坐这儿，爸爸妈妈都没吃完呢。""纸尿裤，纸尿裤！"……

笑笑妈，以上摘录自你的日记，笑笑的想象力很丰富，每当我看到孩子的表现，我都会归功于妈妈。我想孩子会这样做，肯定是她妈妈经常跟她玩这种游戏，是吗？

笑笑妈：

多谢你给我机会重温过去的美好时光。相信若不是日记，所有的这些，应该早就被忘到爪哇国去了。

说到笑笑的想象力，要归功的话，肯定不是我。我那时为了笑笑的语言发展是经常跟她没话找话说，现在回头去看，大部分都是废话。惭愧的是，我倒从没有想过跟她玩这种游戏，去训练和提高想象力。

要归功的话，一是要归功于阅读，这是最主要的部分。读物带给她远远多于实际生活的信息量，还有丰富多样的思考及表达方式，她的思考能力以及更进一步的想象能力才有了基础。二是归功于笑笑爱说话，她是藏不住话的人。

17.《法布尔昆虫记》

时光树：宝宝2岁9个月

《法布尔昆虫记》之《夏日音乐家——蝉》，我以新闻播报速度讲了足足的50分钟。虽说是图文并茂，可是总共有109页呢。我负责讲，笑笑负责唱书中的歌。我真是佩服笑笑的专注力，全神贯注，目不转睛，像是听呆了一样。我中间专门提了两个问题让她回答，就是怕她听傻了，结果她还都答出来了。

18. 讨论：如何给孩子读书

时光树：宝宝2岁9个月

ptsamm：

请教有关读书的问题。

一般情况下，要给宝宝讲一段故事，妈妈要事前看多少遍才可以流利顺畅呢？会大部分按着文本读，还是加点什么、改点什么呢？一边读一边指着画吗？做些什么吗？

jessielyf:

我先回答一下我的通常读书的方法。刚好和其他妈妈们交流一下。一般绘本之类的基本上是先照着书上的文字读,当然着重的地方我会再指出来,也就是指着图再讲一遍。宝宝们一般都喜欢看图。对于故事类的,比如最近看的《三毛流浪记》什么的,基本上读了一遍文字,又指着图重新讲一遍。对于知识类的,像百科什么的,基本上是边看图边讲。我也不是固定说哪类书就怎么讲,我是看到了你的问题,回想一下,我平时是怎么读的,大概就是这样。对于一些故事类的,就可以随便自己怎么讲了,只要宝宝喜欢,能激发他的兴趣就好了。欢迎妈妈们交流。

ptsamm:

谢谢jessielyf的分享。为什么我有此一问呢?因为我感觉跟宝宝读书没有你们那么容易,要留住宝宝的注意力,我只可以一字一句地读,多读一句,她就要翻我的书,或者跑掉了。

我就想,纵使我读的时候带点抑扬顿挫什么的,跟着文字读是否比较沉闷呢?她是否不明白呢?假如我有一点点不熟识,读得不流畅,就完了,她肯定走了,抓不住她的心了,所以我又问,你们一般跟宝宝读书前有预备的吗?熟读的吗?还是你们可以拿书在手就像广播员一样50分钟不停说,那我肯定是太烂了。

jessielyf:

我的呢,一般是英文书可能要先看一下,因为有的单词我都不认识呢。中文书一般拿来就读了,实在是有不认识的就查一下。我是没时间,其实有时间的话,大人先预习一下再给孩子讲当然是最好的啦!笑笑妈肯定有更好的方法。期待!

月下小楼:

我来插句嘴,除了用jessielyf的方法读书外,平时跟TY读书时还会穿插提问,比如读 *Milly, Molly and Salt and Pepper*,我并没有告诉过他哪匹马是Salt,哪匹是Pepper,可是你问他:Which horse is Salt?

Which one is Pepper? 他都能指对。我想提问一来可以检验他到底明白没有，二来可以培养宝宝的观察力。

笑笑妈：

中文书我事前不看，基本按照文字读。如果是新书，在遇到我觉得笑笑不知道的新知识，或是不清楚她掌握得怎样的老知识，会停下来，随时跟她互动，主要是聊，有时会加以演示。有时看到跟其他的书有关联或相类似的，也会及时跟她讲。还有就是书中比较有趣的好玩的内容，我也会忍不住随时要跟她分享。笑笑在听的时候有问题也随时提出来问我，我视具体情况对待她的问题，有时及时回答她，有时等讲完后再回答，有时告诉她接着听下去就会找到答案。如果是老书，一般都是照本宣科，除非忍不住分享的以及笑笑提出问题来要我解答。

笑笑的专注力，不是天生这样，我觉得是在阅读中不断地得到锻炼和提高，并不是因为专注力好才能够听这么久的。而我的"播报"，也不是每次都有机会50分钟播不停的。哈哈！

其实我还想跟你说的，就是母语的问题。看你的日记，你家宝宝是三语宝宝，普通话并不是她日常生活中最常用的。所以，你这条路会有更多困难，你也肯定是要做更多准备工作才行啊。为你加油！

贝塔：

那就怪不得宝宝了，Beta在我读中文的时候都没问题，很喜欢听的，读英文的时候就会开小差，原因就是在于不熟练。我自己都还在想这句什么意思啊，小人儿哪会等你啊，所以，适当做些预习还是有用的。

ptsamm：

真感谢大家的分享。看过你们跟宝宝的读书方法后，我终于发觉，是我自己的不足，是我自己看书太慢、反应太慢，毕竟无论普通话、英语都不是我的母语哦！看来我必须加把劲，把家里的大书小书熟读后再给宝宝读，挽回她读书的兴趣。

19. 与笑笑共同感受阅读好书的幸福与满足

时光树：宝宝2岁10个月

又到月末，时光飞逝。

《逻辑狗》昨天送到，一口气做了一本，今天又做了一本，是最简单的两本。我发现同一阶段的书，难度差别挺大的，就说那本《数数与比较》吧，虽说只是6以内的数，可这题目出的，我看着都犯晕，有的要盘算半天才能做对，我这逻辑性也太差了！怀疑这本书笑笑现在根本就不会做。

同来的，还有一本《我太小，我不能上学》。昨天还收到了《东方娃娃》这期的绘本《彩虹的尽头》。今天收到了《神奇校车》，与昨天的那两本书比起来，这套书的待遇简直有天壤之别！笑笑是爱不释手，缠着我一遍遍地讲，自己一遍遍地翻看，好了，又有了新宠。

每次收到新书，拆开包裹后我都是一股脑儿地拿给她看。我愿意与她共同感受那个时刻的幸福和满足。

20. 看《神奇校车》，废寝忘食

时光树：宝宝2岁10个月

很后悔买了《神奇校车》。说笑笑为了这套书废寝忘食，那是一点儿也不为过的。她自己看也就算了，嫌自己看不过瘾，还老是要我讲，还老是要问这问那的，每一次都哀求说，"今天再讲这最后一本吧，我保证。"但她这句话是绝对的说了不算、算了不说的。尤其过分的是每次看完翻到最后的广告页，她都要催问我什么时候买第二辑、第三辑回来。

Part 3 2~3岁 硕果累累第三年

21. 讨论： 英文读物与学习方法

时光树：宝宝2岁10个月

今天发现她能背出90%的《儿童双语分级读物》(一上)。很流利，很标准，就是大字不识一个。小孩子的语言模仿能力真强。也许正是因为这样，才使我对笑笑的英语学习开始急功近利起来了，一定要警惕! 笑笑对英文的兴趣并不是没有，可千万别被我扼杀在摇篮中了呀。

ptsamm：

笑笑这样主动输出，实在很不错了，就朝着这方向，她一本一本能背出来不是很好吗？如果笑笑愿意看Franklin，你就不用费心了，我觉得孩子能看懂Franklin就差不多了。

笑笑妈：

对笑笑的英语，我不知道自己能教到哪一天、教到哪一步，当对一件事没有必胜的信心时，我很难全力以赴地去做。

Franklin从买回来到现在只看了前几张，她从不主动提出要看，但我放上她也会看。因为有中文基础，这碟片她完全能看懂。但目前我能感受到的汉字对她英语学习的影响都是负面的。比如书，双语的，她瞄一眼就知道意思了，我一句英文还没读完，她就已经在想快点儿知道下一页是什么了。比如解释英语单词意思，我全英文解释肯定行不通，且不说我自己能否做到，她会一个又一个问题的问，直到我用中文说出她想知道的意思来。

说到背诵，笑笑目前能背的有《洪恩节拍》60首；《洪恩童谣》起码也有20首，当时检查她不配合，后来也就没有再"考"过她；《机灵狗第三级》的36本，另外14本需要提示；《儿童双语分级读物》(一上)，这本是我专门用来记录她的背诵能力的，因为以前的那些都是买了好久，断断续续、反反复复地听和看，不知到底多少遍才会的。这本书自上月29日买回后，每天听1到2遍CD，同时我上下午各读一遍，这样就是4（CD是每课读4遍的，每天按一次计算）+2=6遍。笑笑大约用十天就会背这本书了（共10个小故事）。

摸底之后，我准备扬长避短，她能背就让她多背，我不能讲那就少讲些。我想，即便将来这些背的都用不上，再不济也起到刺激她大脑发育的作用了。

所以才想着加大每天的英文阅读量。那天确实做得鲁莽了些，我说以后只给她读英语书，中文书让她自己看。笑笑一听我再也不给她讲中文书了，就先有了抵触情绪。其实她已习惯了每日英文阅读，只是不能因此就不给她读中文书。好在我第二天就悔改了。

英文口语的输出，笑笑是完全自然而然，时不时地冒出一两句来。

我现在有问题请教大家，月下小楼、jessielyf、砚儿、ptsamm以及其他双语养育的妈妈：英语书面语的学习，要按照Doman的理论从词语开始吗？我看jessielyf的日记好像提到过做生词卡。你们都是怎么做的？结合笑笑和我的情况，给我点建议吧！请各位不吝赐教，我这里代笑笑一起先向你们致谢了！

ptsamm：

我的双语教育也只是一般，成绩不怎么样，只能说说感受。

Doman真不容易实行，自己做教材更需要极大毅力。我从前是用人家的现成PPT，自己做的不多，看书配合PPT理论上更能勾起宝宝的兴趣，尤其是宝宝小或不能集中看书时，但说到底还是一个懒字，每本书坚持先做个PPT不容易哦，弄图片尤其麻烦。最重要的还是要理解像笑笑这么大的孩子，喜欢看PPT吗？如果她不看，简直费时费力。

以国内资源看来，笑笑妈已经收纳得差不多了，当然还是有很多好书的，但笑笑是否有兴趣读又是另一回事，或者可以试试：DR SUESS'S ABC /HOP ON POP/1 FISH 2 FISH，笑笑可能有兴趣。

Part 3 2~3岁 硕果累累第三年

"对笑笑的英语，我不知道自己能教到哪一天教到哪一步，当对一件事没有必胜的信心时，我很难全力以赴地去做。"就你这句话，有一点感触，你跟从前的我都仿佛落入一个"期望过高"的圈套，誓必要把英语作第一语言、用英语思维来学习，其实对中文强势的孩子来说，是行不通的，我们必须承认他们在学习第二语言的事实。找教材之前，调教好心态更重要。

月下小楼：

既然被笑笑妈点了名，总不能不说两句，可是我又实在不知说什么好。笑笑能背，能输出，已经很令人羡慕了。像我家那个，到底会背什么，我是一点儿也不知道，因为从来没有听他说过书上的东西。而且他中文识字不多，所以双语书倒是不要求我读中文，他自己也看不懂，要我读，当然是英文。我想了想，到现在为止，我们的阅读还是以英文为主。

至于《国家地理儿童百科》，我个人倒不觉得是必需的，因为书上的信息量很少，一定要自己充分发挥才能真正起作用。倒不如买《国家地理科学探索丛书》，自己看熟悉了，做到能用自己的语言复述出来，在生活中随地使用，效果更好。

英文阅读我是用杜曼方法。

你可以把笑笑会背的那些由字词句慢慢过渡，直到她会独立阅读，如果你觉得独立阅读很重要的话。不过这个工作量实在太大了。

不过我个人的看法，现阶段还是要侧重于听说。也可以让笑笑用英文编些故事，反正她已会背那么多了。

depingpan：

听笑笑妈这么一说，我倒觉得笑笑的英语真是不错了，吸收能力也强。就如笑笑妈已经悔改的一样，不要在笑笑的面前太把英语当回事。每天在一大堆中文书里夹几本英文的就可以了，慢慢增加英文书的阅读量。还有日常用语你不要放弃啊，又不是要你全天都用英语讲，相信你的英语肯定比我强。我都敢不脸红的讲几句，你还怕什么？

就像我以前买的原版书，小蝌蚪是根本不看的，现在好多了。也不知她听不听得懂。只是有的故事情节长的，人家也不反对，自己在一边玩，走神了。我现在的方法是，把书分类，绘本、中文故事、原版书、双语书、百科书等。每次我让她自己选书，当然只开一个柜门，开哪个柜门由我控制。不过她半数是不配合，自己选柜门的。

笑笑妈：

"三人行，必有我师。"在这个论坛，应该改为"三人行，人人都是我老师。"泡得越久，这样的感受就越深。

To ptsamm：英文的 Doman 我是想想就害怕的，以前的数次经历也都只是以失败告终的。PPT，我不光是自己不做，下载的也极其有限。所以，笑笑只用最原始的书本，就可以打发的。

对笑笑的教育，我从来都有强烈的"功利"之心，如果一段时间之后，看不到预期效果，我就没有动力去坚持。受各位榜样影响，我在逐渐变，设定的期限，原来的短些，现在可以坚持得长了些。

你推荐的两个帖子，刚刚已拜读完毕。清醒了许多，我现在教笑笑英语的目的，就是为了她以后的英语学习打些基础。这样，就行。

To 小楼：特别谢谢你！英语是用的。唉，这个道理我是知道的，只是做不到在生活中随地使用。虽然我也知道现阶段的听说最重要，但目前对于我来说最省事的，也只能朝读努力了。

To depingpan：《机灵狗》我只买了第三级，第二级看过实物，觉得太过简单。主要是因为我只会照本宣科，不会延伸和结合生活进行，这样的话，这套书的可利用度就太低了。当然，如果不考虑银子的话，可以全买来。

你家的书可真多！你的分类是不是太细了些，我觉得有中、英两种就足够了，孩子对具体题材的喜好是由不得大人控制的。

jessielyf：

被笑笑妈请教，真是不敢当呀！不好意思，这么晚才看到！

其实我已经很佩服笑笑了，我们家的《节拍英语》也听了无数遍，我还不知道她能不能背呢，在她爱听的时候还不会输出，等会输出了就不爱听了，呵呵！

我的英语阅读基本上来说是按照 Doman 的，闪生词，然后是家制书，原来会经常打印，现在懒了，大部分只做 PPT，或者直接读书。《机灵狗》那套书，我生词是做成了 PPT 的，你需要的话，我发给你，单词 PPT 不大。为了加强她的文字感觉，把书也拍出来做成了 PPT。其实她很多是自己念的，当然也基本上是自己背出来了。

如果你觉得要她很快地进入英文阅读阶段，我觉得 RAZ 真是一套不错的书，因为难易是循序渐进的，然后又可以直接打印，每本书也才十页，很少，小孩子不会烦，而且大人还觉得很有成就感！

我现在是经常打印一些出来读，然后就是一些原版书了。笑笑的资料也很多了！笑笑妈能做到这样，其实已经很好了，笑笑妈就想看更多显著的效果。

就像小楼说的，现在听说还真是很重要。我们这个小家伙现在输出不多呢。不过我还是要检讨我自己，说得太少！

妈妈私房话

等笑笑真的会读书了，我才意识到，她会读书之前的每一天都在读书，即便她开始时是以背书的方式体现出来的，那也是在读书啊。

多年后回头看当初的自己，真是左一个困惑右一个不解，满脑门子的问题。先是发愁孩子不会说英语，后是发愁孩子背书不识书面语。其实，以阅读的方式学习语言，不可能不识书面语啊，而且，以阅读的方式学会的语言，又怎么可能不会说呢？哎，不怪自己笨，只因当时这条路，只有我一个人在走，一没有理论支撑，二没有网友支持。

22. 阅读中最重要的收获

时光树：宝宝 2 岁 10 个月

英文如果不给她加码，只是目前这样，她的输出已很令人满意。她的记忆能力很强，很多课文都能整篇流利背诵。

就这样顺其自然下去，收获的自然会是一个个意料之外的惊喜。要不要加上单词认读呢？哪怕是一天一个，一年下来不也有 365 个吗？

《逻辑狗》，除了跟数量有关的，其他的难度不大，因为她在题目理解上没有任何问题。我现在怀疑要么就是《逻辑狗》故意编得这么浅，以扩大销量，要么就是……哈！

越来越深刻地意识到阅读能力的具备对孩子智力开发的重要性。对，是阅读能力，不是识字认字卡。孩子的观察能力、推理能力、逻辑思维能力、注意力、记忆力，在识字阅读过程中不知不觉得到了锻炼和提高。这才是最最重要的收获！

23. 会读书之前，把让她会读书作为唯一目标

时光树：宝宝 2 岁 10 个月

贝塔：

笑笑妈，我在补课，发现 Beta 现在两岁半的表现只能勉强比较笑笑一岁半时……

ptsamm：

我都补了课，我家宝宝现在也比不上笑笑一岁半时的表现，可悲的是我想这一辈子也比不上，因为我根本没有这个输入。我在想，怎么补救呢？要自己背点什么吗？会太迟了吗？

什么高山青、什么白云、什么花儿朵朵开……我的天哦……我自己

都不懂……怎么说？

这个不是攀比的问题，是妈妈的问题，这个是先天不足，营养不良的问题，笑笑妈可以指教吗？

笑笑妈：

我相信你是被 Beta 妈妈严重误导的。你这样说，实在是大大大大地过奖了，虽然我一直都很盲目乐观地认为笑笑很棒，但即便这样，我也清醒地知道身边的这些宝宝没有哪一个是不棒的！

我们都是棒宝宝的妈妈哟！

你说的这个不是什么"先天不足，营养不良的问题，"我觉得是一个定位和目标问题。

没笑笑之前，我就知道经典诵读，当然只是很粗浅的了解，从那时的反对排斥到现在的逐步实施，这期间的心路历程写出来又会是一个长篇。但我始终认为对笑笑的中文教育，截止到今天，开头这几步，还是走对了。我给笑笑提供的，就是一些"低级趣味"的东西，"低级"就是很简单的意思。比如"小白兔白又白，两只耳朵竖起来……"这在经典面前，简直是摆不上台面的，但恰恰是这样的符合小宝宝的认知接受，在她可理解范围之内，稍微超出一些也可能，她可以在实际生活中进一步接触、了解和感受，所以她乐于接受。还有那摆上台面就会被乱棒打死或呵斥下去的"人之初，狗咬猪，性本善，大碗面，老师吃，我剥蒜，老师不吃我不念！"笑笑的调皮捣蛋，遗传几乎没有，我想应该是来源于这样的阅读。

在巨大乐趣的驱动下，笑笑乘着这土得掉渣儿的车就上路了！

还有一个就是，在她会读书之前，把让她会读书作为唯一目标，目标比较单一，也就比较容易达成。在她2岁后，别的内容才逐渐加多了些，逐渐被重视了起来，英文、数学也在时断时续、若有若无地进行着。因为我轻了一大头，可以顾及更多的了，也因为能力所限，我同一时间只能做一件事，比如工作时一定要在安静状态下，像现在这样只有房间的门关上了，我才能进入状态写日记。

ptsamm：

谢谢笑笑妈！你写了长长一篇，每句话我都很赞同，但我要看了4遍才找到自己的答案。

"还有一个就是，在她会读书之前，把让她会读书作为唯一目标"，可以这样说，你的教育是集中的，我的教育是分散的，你那套跟霏霏，认识霏霏吗？她的读经教育非常好，与你是不谋而合，未认识你之前，我曾经一度非常欣赏并略微探讨过霏霏的教育方式，可以这样说加入英语教育让我的精力分散了许多。

看到你的书架，我很遗憾没有早点遇上你，我在孩子的教育上，走的弯路颇多的就是选书问题，我经常这样说：我是从最难的买到最易的。宝宝在我肚子里时，我就买那些格林故事，宝宝几个月我买一页纸一大段的 *Bedtime Stories*，*Peter Rabbit*；宝宝一岁给她听的是西方文化导读，跟她念 Nursery Rhymes，唐诗等，更不要说家中大量5~6岁孩子读的童书；到一岁半开始才选对了像 Phonics Kids 等比较合适的教材。虽然当中她对 Nursery Rhymes 非常热衷，对某些唐诗也表现出兴趣，但毕竟程度太高的东西，她只有输入，没有输出。到2岁才开始让她看一些适合她年纪的《好习惯故事》《儿童双语分级读物》《幼儿认知双语绘本》等一页一句的书。

贝塔：

其实我写 Beta 只能比较笑笑一岁半的意思，并不是觉得 Beta 有多么的落后，而是笑笑——太超前了，进步太神速了！但是这个比较倒不是拍笑笑妈马屁，对比笑笑妈在笑笑一岁半时写的《天使在人间》，和 Beta 的现状是差不多啊。

同意笑笑妈的话，我们都是棒宝宝的妈妈。虽然 Beta 不如笑笑，但在我眼里他还是很棒的，但笑笑是我们进步的榜样。而且我思考过了，我也是那时候就看的笑笑妈的文章，为什么那时候有感触却没有行动呢？除了当时自己确实比较忙之外，宝宝也有很大因素。Beta 也在一岁半时还没有喜欢上看书，当时我也闪过很多字卡、百科卡，但是没有与书结合起来，也就是非常短暂的记忆。现在 Beta 喜欢看书了，虽然有点晚，记忆过程可能会艰难一些，但复习功课后我还是决定要同时给 Beta 闪闪字，就从他现在爱看的书中提取出来。

"还有一个就是，在她会读书之前，把让她会读书作为唯一目标"这句话我也很受用。

最后写一句，笑笑妈你考虑出书吗？你的文章会让更多的父母得到启发和帮助的。

24. 笑笑自己总结出了英文拼读规律

时光树：宝宝 2 岁 11 个月

拿出邻居给的一套超级简单的英文单词卡给笑笑看，50 张。尽管我从没单独教过她一个单词，但大部分是她英文阅读中接触过的，所以笑笑能一一念出。令我有些想不到的是，有几张从未见过的，笑笑也能读出来，比如 net、bun、jam、jet、mug、map、web，问笑笑哪里见过，她说不出所以然。我突然意识到也许她是隐约总结出了拼读规律？于是，拿张白纸边写边让她念 bug、pug、lug、nug、dug，再写 let、met、fet、get、het、det，我是胡乱写的，她都能读出来！

英文，除了阅读和听碟片，以及我少得可怜的口语，本没准备再花更多精力的。今天我开始考虑，是不是该教她更多一些才好。

妈妈私房话

西方拼音文字的优势就在于，所有的单词都是 26 个英文字母中字母的不同组合，而百分之八十多的组合又符合拼读规则。

对于已经能分辨并推理出"妈—马—码"的中国小孩子来说，对于能够明确分辨出"傻"和"俊"的不同的中国小孩子来说，拼音文字的拼读规律，也是可以摸索并总结出的。这一点儿也不稀奇。

25. 没有《神奇校车》？不可能！

时光树：宝宝2岁11个月

今天去了科技馆，待足6小时才出来。要是没有《神奇校车》打底，我真的不知道该跟她从何讲起，大多数的科学知识，我以前压根就不懂啊。

同样的，如果笑笑不是有《神奇校车》的基础，也很难这么感兴趣，能在那儿待那么久。一天下来，根本就没在里面看到几个像她这么大的小人儿。

26. 妈的和mud

时光树：宝宝2岁11个半月

笑笑爸对某时事发表评论，说了句粗话，具体是什么我就不写了，你马上就会知道。

笑笑正在客厅玩积木，插嘴问道："爸爸，你在说'mud'吗？"笑笑爸支吾着说是啊。笑笑恍然大悟地说："我知道了，你一定是说你们湖南老家的'mud'太多了，我们过年回去时不是老把我摔倒，摔了我一身泥嘛！"

瞧俺闺女这"英格利市"学的，写到这儿我忍不住笑出声来了！嘘！

Part 3 2~3岁 硕果累累第三年

分享篇：你也能教出双语小天才

1. 水乡行：乌篷船荷花镇

时光树：宝宝2岁2个月

　　上次收到的新书中笑笑对那本《荷花镇的早市》爱不释手。没想到接下来的几天，我们竟有机会带笑笑去了真正的水乡，让她实地感受了一番书中的景象。

　　乌镇水乡游。水就是路，船就是车子。小巷子。唱戏的戏台，唱戏的人，唱戏的人穿的古代衣服，锣鼓咚咚锵咚咚锵的响声。各式各样的石桥。可以一级一级走下去蹲在水边洗衣服的台阶。乌篷船。八仙桌。装着家酿米酒的黑色坛子……书上的一切就这样鲜活地呈现在笑笑眼前，笑笑激动得要命，时不时地叫着嚷着，"咦！这跟那个《荷花镇的早市》的书一样啊！真好玩！真有趣！"略感遗憾的是没能看到原生态的菜场，不知是不是旅游景点的缘故？也许现在的乡镇也都是城市化的菜场，那样的场景只能是在书本中、在记忆中了。

　　第二日到一户江南的乡下人家去做客。

　　笑笑一下车，就两眼放光地直奔旁边的萝卜地，"哦！大萝卜！妈妈，我们来拔萝卜吧！"这好像也是我第一次见这么大片的萝卜地。我答应笑笑，待会儿看能不能找到这块地的主人，跟人家打好招呼才能拔。

　　到了主人家，先是参观他家的三层小洋楼，笑笑突然问道："妈妈，我们今晚要在这里过夜吗？""不，我们不住这儿。""是呀，我们还是住酒店吧，旅游的时候不是酒店就是我的家嘛。"我突然想到这是第一次听笑笑用"过夜"这个词，问她："你怎么会用过夜这个词呢？在哪儿学的？""是老鼠说的呀？""老鼠？哪个老鼠？"我的脑子没有转过弯来。"是弗洛格里的老鼠啊。""是吗？"我仍然没有想起来。笑笑进一步解释："是那本《弗洛格去旅行》的书啊，老鼠说'这就是我们过夜的地方。'"哦！我恍然大悟，不得不佩服她，如果说笑笑的语言发展还算可以的话，阅读绝对是功不可没。

午饭还早，我便带着笑笑到村子里转悠去了，跟随着几只鸡到了一户人家院子里，热情的女主人请我们看她家养的猪、牛、羊、鸡、鸭。它们的住处比我印象中的"圈"档次高多了。我跟笑笑说这是猪舍、牛舍、羊舍、鸡舍和鸭舍。在鸡舍，碰巧有只老母鸡刚下了蛋，站起身来"个大个大"骄傲地叫着，令笑笑激动不已。她也就一直跟着那鸡，夸她"鸡妈妈，你真棒！"继而又催她"你快去孵小鸡吧，小鸡宝宝出来了就能跟我玩啦！"

院子里是大垛的刚刚收割回来的稻穗，地上有一堆打下来的谷子，还没脱壳。笑笑像玩沙子一样玩了起来。我趁机告诉她，这是谷子并剥给她看里面的大米。在这一家玩到我不得不以我要走了来威胁她，她才出来。

回去一看，午饭好像还得等会儿，又带笑笑出去，看了田里的桑树，树梢上仅有几片桑叶，还有竹林、小池塘、池塘里的鸭群。几个大孩子在打水漂，笑笑也凑热闹，学着大哥哥的样子扔了许多小石子出去。这样转了一大圈，竟然来到了停车的地方，又看到了那片萝卜地，一下子点燃了笑笑要拔萝卜的激情。这个时候再试图跟她讲理已是无用的了，我只好同意她进去拔，想着万一主人看见就再跟人家解释吧。萝卜地边上围了矮小的栅栏，笑笑喜滋滋地跳进去，嗨哟嗨哟，根本不费吹灰之力就拔了一个出来。奇怪，这萝卜竟然是大半个身子都在土上的，很好拔，跟我印象中不一样啊。如果世上所有的萝卜都这样，那拔萝卜的故事岂不要改写？

抱着这萝卜往回走，迎面碰上出来找我们的笑笑爸。笑笑兴奋地大喊，"爸爸！看我拔的大萝卜！这是我自己拔的！我真能干呀！"等我们回去，院子里、堂屋里已摆好了十几桌酒席。笑笑向着那些人飞奔过去，嘴里喊着，"叔叔！阿姨！你们看这是我拔的大萝卜！这是我自己拔的！"

我劝笑笑把萝卜放到墙角去，并答应她走时带着它，要让家里的小朋友看看笑笑亲自拔的大萝卜。没想到等我们酒足饭饱之后，笑笑第一时间跑去找它时，"萝卜不见了！妈妈快来帮我呀！"笑笑大叫着找我来了。一定是那个打扫卫生的老乡把萝卜拿走了吧，我看见他在院子里来回走动着扫垃圾。还没等我想好怎么说，笑笑也突然想起来了，"哦！妈妈，我知道了，一定是小白兔把萝卜拿走了，小白兔最喜欢吃萝卜了。""对对对，小白兔最喜欢吃萝卜了，小白兔一边吃一边说，'谢谢笑笑宝宝给我们拔的大萝卜，大萝卜真好吃。'小白兔是你的好朋友呀，它们可喜欢你啦。"对于笑笑这个小童话迷来说，这无疑是个最权威的解释。萝卜事件到此结束。后来笑笑偶尔还会想起那个大萝卜，她会绘声绘色地给你讲关于那个大萝卜的故事。

下午，带着笑笑回到市里，睡了一觉，笑笑明显是昨天熬得太久了。

第三日晚上7点多，回到家中。

浙江之行，笑笑收获颇丰，水乡、乡村、KTV、夜总会、童话世界与现实社会、书本与生活……

2. 独自玩耍的能力

时光树：宝宝2岁2个半月

邻居带宝宝来玩，一进来就被客厅里的状况给震住了，"你们家在大扫除？还是……""来吧来吧，不是大扫除，这是笑笑摆得迷魂阵。"

可不是嘛，客厅里一团糟，有一溜方凳放在中间，那是火车；地板上、茶几上到处是她的各色玩具，沙发上也不能幸免。我告诉她要给客人腾个坐的地方，她还算给面子答应了我。这几天来这些东西不经笑笑许可，任何人不得擅自挪动。有天晚上我嫌太乱整理了一部分，结果第二天笑笑一早醒来就发现了变动，不依不饶地大哭大叫起来，"我不要你动我的玩具！我不要你动我的玩具！"我只得忍着满肚子的气帮她一一摆回原样。心里想着，跟搞艺术的人（笑笑小舅）待的时间长了果然更有个性了。

再来看看笑笑是怎么玩的吧，一旦投入进去，她可以长时间地无人看守，沉浸在自己营造的童话世界里，一会儿当火车司机开着车到处游览，一会儿拿着钓竿钓鱼钓虾，一会儿提了篮子骑上自行车去买菜，一会儿又去森林中采蘑菇、拔萝卜，一会儿用积木搭个大桥，一会儿站在茶几旁拿着勺子、锅像模像样地给"爸爸妈妈做顿丰盛的烛光晚餐"……她的玩法何其多，她的说法又何其多。

独立玩耍的能力在我去上课后的这段时间得到了很好的锻炼和提高，这样看来，我和她都是有失有得。

3. 睡前故事杨小红

时光树：宝宝2岁3个月

这些日子的睡前故事时间，讲了个"王小宝逛街系列"，就是笑笑说今天逛什么街，我就讲那个王小宝逛了什么街，怎么逛的街。

某晚我要赶作业，笑笑爸陪笑笑，笑笑提出要爸爸讲"王小宝逛街"的故事。笑笑爸一没童心二没想象力，不知道怎么讲才好。笑笑就开始给爸爸上起了课，结果是，笑笑讲了半个多小时，越讲越精神，但她竟然把笑笑爸讲晕了，最后他竟然先睡着了！看来这个"王小宝逛街"系列真是有很好的催眠效果。

笑笑这段时间给自己起了两个好名字。一个是"小白波儿",是她喜爱的"小白"+"小波"的昵称;另一个是"杨小红",其他颜色一概不行,我们只能叫她小红。

话说有一天我讲"王小宝上学"的故事,我故意说,"王小宝到了学校,碰见了杨小红老师,王小宝就说'杨小红老师早'。"我心里想着看她会有啥反应,但没想到笑笑的反应竟如此强烈。她打断我说,"哎?奇怪,这个老师怎么跟我的名字一样啊?""是啊,是跟你的名字一样的,别人也可以叫杨小红哟。"笑笑开始理论,但不是跟我,是跟那个杨小红老师。只听她讲到,"我走上前去问杨小红老师……"中间出现了无数次的"杨小红老师说"和"我说",到了最后是,"我说'杨小红老师,你放心吧,我不会抢你的红衣服的。再见,我要回我自己的家了。'"我被她绕晕了!好,这个故事终于讲完了。

4. 怎么教孩子拼拼图

时光树:宝宝2岁半

从开始的5片到现在的40片,这是一个相当漫长的过程。

有一套《趣味魔力百变拼图卡》,我买了其中的两盒,为"可爱的动物",每张5片是一个动物。记得开始时,我拼四块,只是留一块给笑笑拼,她还不知道怎么放进去,后来就慢慢让她自己拼,印象中最深刻的就是她常常拿着最后那一块围着拼图转来转去,却不知道改变手里那块小拼图的方向。我忍不住地喊她"小笨熊"。

等这20张动物拼熟了,她的兴趣也来了,因对此事重视不够,我并没有及时供应她新拼图。正好那时家里有张磁力中国地图拼图,她就开始拼这个,很快也拼熟了。看她的兴趣还是那样一发不可收拾,于是，我开始大量供应她，先是十多张的，然后是二十多张的，最后是前段时间的40张的。

感觉开始时最难，很考验我的耐心。一旦她入了门，接下来的进步就是飞跃。

5. 小小哲学家：每个角落都有自己的天空！

时光树：宝宝2岁半

带笑笑到别人家玩了一上午，是3楼，地理位置较好，从任何一个窗口望出去，都让人舒心悦目。每到一间房，笑笑总是跑到窗边往外看，然后就是由衷赞叹："哦！好美的景色呀！"接着就把触目所及之处的景物一一说上一遍。

直到告辞出来，笑笑仍然念念不忘那些好景色。说话间，已到了院子里，我附和着说："是啊，我们家在一楼，就看不到这么好的景色。""不对的，妈妈，一楼有一楼的景色，二楼有二楼的景色。每个角落都会有它自己的天空。"

"每个角落都会有它自己的天空。"

说得太好了！宝贝，你要是一直有这样的好心态，那就可以少去多少烦恼啊！笑笑言者无意，我是听者有心。

6. 关于选幼儿园

时光树：宝宝2岁7个月

我打算9月让笑笑上幼儿园。公立的。离家5分钟自行车车程。我们是地段生，离家10分钟车程的是非地段生，比离家近的这个高一级，口碑、设施都更好些。

民办和私立，离家5分钟车程和10分钟车程。这两家，我都去看过和私下打听过，远的那个学费等杂费下来一年要2万多，公立园的只有十分之一。我的判断是它们之间实际的差别就在于体制不同，并不是贵了这么多钱就好了这么多出来。其中一家铁定进不去了，新生只招半日班。另一家倒是随时欢迎入园。

只要幼儿园期间，笑笑能够身心健康发展就可以了。这一点，几乎每一个正规幼儿园都可以做到，不管它是公立还是私立。

不是说幼儿园反正也学不了啥，有些幼儿园还是能学不少东西的，但不管是什么样的幼儿园，在学前这个阶段，咱家长的影响和作用应该还是占较大比例的。

7. 幼儿园入园考

时光树：宝宝2岁8个半月

到幼儿园去报名，填好表格后进入一间教室，看架势是要考试一番了。一位老师示意我们坐她对面，隔了一张小桌子。另外还有两位老师在旁听。

拿绳子把篓子里的红色珠子（有些是动物形状）串起来，这是考认知（颜色）和精细动作的。笑笑开始埋头苦干，等老师让停下来时，"还没串完呢！"笑笑不情愿地说，篓子里还有两颗红色的。

老师说："你数数串了几颗？"哦，这是考数字概念的。笑笑开数"one、two、three、four……"被老师打断："你能不能用中文数？""可是我不喜欢说中文啊，我就要用英文数。"瞧这孩子牛的，所有的老师都笑了。"好好，那你就用英文数吧。"总共是8颗，笑笑数对了。

接下来是一堆各种颜色的形状板，老师指令的难度是逐渐加深的。"拿一个蓝色的给我，"紧接着问，"这是什么形状？"第二次是直接说，

妈妈教出3岁双语小天才

"拿个红色的三角形给我。"再往下就是,"把每个颜色的长方形都拿一个出来。告诉我是什么颜色的。"到了最后,还是回到数数上,"你数数总共有多少个?用中文数吧。""1、2、3、4、5、6、7、8、9、10。"——对应地数着,总共有二十多个吧。笑笑数到10就停了下来,"我不会了。"

老师又拿刚才串的动物形状考她,"这是什么?""小鸡。""这是小鸡吗?"其实那只小鸭还真像一只鸡,颜色已脱落得看不出来,形状又实在有些四不像,基本特征一点儿也不明显。"是的。"老师放下这个,又拿起另一只真小鸡,"那这个是什么呢?""小鸡。"老师把两个摆在一起,"你看看这两个,告诉我它们是什么?""这只是大的,这只是小的,都是小鸡。"笑笑的态度非常坚决。

接下来是问爸爸妈妈的姓名,家里的电话。电话我没教过,所以她如实回答说不知道。

最后一个问题,"你身上有什么是十个的?"笑笑认真地低下头去看,看了扣子,然后看衣服上的条纹,然后抬起头说:"没有啊。"老师提示说,"把你的手举起来看看。"笑笑迷茫地望着自己的两只高高举起的小手,"这是两只啊。"意识到了老师前面问的问题,笑笑试探地回答说"3只?4只?"哈哈哈!真是傻得可爱!

考试结束,老师发现我没填笑笑爸的年龄就让我填上,我非常不好意思地拿出户口本来看和算笑笑爸年龄。笑笑在一旁用飞快的语速对老师说:"你知道吗?我爸爸属狗,我妈妈属虎,我属小猴子的。"

与老师道完再见,笑笑突然想起了一件事,转过脸去问,"老师老师,我头上的这个草莓发卡漂亮吧。"得到了肯定的答复,笑笑牵着我的手高高兴兴地走了出来。

8. 关于生命之循环往复的精彩对话

时光树：宝宝2岁10个月

洗澡时的对话：

笑笑突然说："人老了就会死的。""是的。"

"动物老了也会死掉。""是啊。"

"东西用久了，也会坏掉的。""对呀。"

"都是一样的。""对，都一样。"

洗到这时她叫了起来："你把水弄我耳朵眼儿里了！""对不起，妈妈没注意，我没看清。"

"你老了吗？你的眼睛花了吗？""没有啊，我只是累了，带你一天很辛苦的，所以没看清。"

"妈妈，你以后肯定会老的。""是啊。"

"你就变成姥姥了。""是啊。那姥姥呢？"

"姥姥就变成太姥姥了。""那太姥姥呢？"

"就变成很老很老的老人了呗。老人到最后都会死的。""是的。那你呢？"

"你老了，我就长大了。我就变成你了。""对呀。可是，我变成姥姥，姥姥变成太姥姥，太姥姥变成很老的老人，你变成了我，还有小宝宝吗？"

"没有了。""那怎么办呀？"

"那你就再生一个小宝宝吧！"哈哈哈哈！到这儿好像出岔子了哈。不准备给她讲什么，就让她先糊涂着吧。

没想到的是，她根本就不糊涂。

不大会儿，问："我的奶头里怎么没有奶水呢？""你还小。"

"长大了就会有吗？""不是的。只有大人生了小宝宝之后才会有奶水。"

"那小宝宝一生出来的时候，什么都不能吃，只能吃妈妈的奶水。小宝宝咬住妈妈的奶头，她一吸一吸，奶水就被吸出来了，小宝宝就咕嘟咕嘟喝起来了，喝得饱饱的，小宝宝高兴地说：'啊，妈妈对我真亲啊！给我喝这么好的奶！'我小时候就是这样的。""是是是，就是这样的。"

洗澡完毕。

9. 看笑笑是怎样享受做《逻辑狗》的乐趣的

时光树：宝宝2岁11个月

晚上笑笑赶我出来写日记，"妈妈，你走吧，有爸爸陪我就行了。"应我的要求，临出来前她给了我2个甜蜜的吻。

《逻辑狗》做完了第三阶段5—6岁的，查了一下买的日子，到今天平均每2天做一本。我们做的是正面，背面还没做。除了跟数量有关的，其他的题难度都不大，大部分都是几乎没有难度。我真是佩服笑笑，有些题挺绕的，我需要先看一下答案才知道该选哪个，但笑笑好像是凭着直觉在做，一选一个准儿。问她为什么选这个，她有时能说得头头是道的，有时却啥也说不出，也许是心里明白不知道怎么表达，只是下意识地做。

笑笑越做越上瘾，每次都是我强行停下的。

看看她是怎样享受做《逻辑狗》的乐趣的吧——

几乎每一页做之前我都会咬牙切齿地说，"这次我一定要难倒你！"结果她全做对了！我就开始哇哇哭。笑笑已形成条件反射，一做完，就提醒我说："妈妈，你快哭呀！"我一哭，她就来哄我，拍我的背，还给我擦眼泪。我哭得投入，她哄得逼真，我想，她心里一定很得意的，竟然每一次都把妈妈给打败了,妈妈这么伤心!

爸爸在家时,她会拿着做好的去找爸爸。爸爸会吓一大跳,是真的跳起来的哦!如笑笑爸偷懒,笑笑会提醒他说:"你怎么没有站起来跳呀?!这样不算,快点儿站起来吓一大跳!跳高一些!"要么就是直截了当地说:"你把我撂高,撂到天花板那么高!"笑笑爸遵命,一次又一次得把她高高地撂起来,直到筋疲力尽。

以上这些,目前都是《逻辑狗》专属的娱乐项目。

简而言之,她做了《逻辑狗》,就可以好好地折腾我们大人啦,她又何乐而不为呢!

10. 笑笑妈的把戏:欲擒故纵

时光树:宝宝2岁11个月

笑笑爸这段忙了起来,每日早出晚归,家事一点儿也指望不上了。现在是我一个人带笑笑。我过的是与笑笑同吃、同睡、同玩的快乐生活,但我每天都觉得累,所以就盼着她赶快上幼儿园。算算也就还有十几二十天了,开始给她打"预防针"。该小姐目前是非常盼望着9月去上幼儿园的。

第一天。"宝宝,你马上就要上幼儿园了。""哦,太好了!""你想去吗?""想!我要到幼儿园跟老师、小朋友一起玩!""可是,你要上幼儿园的话,家里就只有妈妈一个人了,妈妈怎么办呀?"笑笑不理我。"我会想你的,你在幼儿园里有人玩,我一个人在家里,多么孤单啊,你别去了,在家里跟妈妈玩吧?"仍然是不理我,转过脸去,不让我看她,眼睛里写满了激烈的思想斗争。

第二天。"宝宝,再过不久,你就要去幼儿园了,你想去吗?""当然了!幼儿园里会有老师带着我们玩的。""你会想妈妈吗?"不理我。

妈妈教出3岁双语小天才

"可是妈妈肯定会想你的。那可怎么办呀？""反正我是不会想你的。"非常坚决地撂了这句给我。"妈妈一个人在家里好孤单啊，干脆你不要去上幼儿园了，和妈妈一起在家玩吧，你想去哪里我就陪你去哪里，你想玩什么我就带你去玩什么。""不行，小孩子大了都要上幼儿园的。""呜——呜——你上幼儿园以后就没人跟我玩了。""你让爸爸在家里跟你玩吧。"小人儿实在于心不忍，终于想出了这条妙计。

第三天，也就是今天。"宝宝，到9月1号，幼儿园就要开学了……"被她打断，"你不要再跟我说这样的话了！"显而易见，小人儿去意已决！"可是妈妈肯定会想你的。妈妈想亲亲你抱抱你，你都不在我身边，我可怎么办呀？"她想了想说，"你等我下午接回来后再抱我亲我吧。""妈妈一个人在家里好孤单啊。""那你就去上班挣钱吧！"看样子是一点儿回旋的余地都没有啦！

笑笑要去上幼儿园，这是板上钉钉的事儿啦，哈哈哈！

妈妈私房话

在孩子入园前，一定要帮他做好心理上的准备。有条件的话，带孩子去幼儿园多玩几次，让他和环境以及老师早一些熟悉起来，这样可以避免开学时对完全陌生的环境和陌生老师的不适应；另外，言语上一定要给孩子积极的影响，告诉他幼儿园是好玩的地方，让他对幼儿园的新生活有期待。千万不要说"你这么不听话，干脆去上幼儿园吧。"之类的话。我常听到有老人用类似意思的语言吓小孩子，我心里就免不了会想，那个小孩子要是觉得幼儿园好，愿意去，才叫怪呢！

11. 笑笑是上帝派来救我的那个人

时光树：宝宝2岁11个月

打了笑笑一顿，原因和过程就不细说了，反正我当时是有十足的正

Part 3　2~3 岁　硕果累累第三年

当理由。但打后不久就后悔了，却不愿意直截了当地向她道歉，还是放不下自己这当妈的面子。

"宝宝，妈妈刚才打你是为什么？""因为我……"笑笑抽泣着说了原因。"那你这样做是不对的，知道吗？""我知道，我做错了，妈妈才打我的。"我一边搂着她，抚摸着她刚刚被打过的小屁屁，一边却又嘴硬地说："是啊，你错了妈妈才打你的，你说你该不该打？""不该。"我本来是想她会承认自己是该挨这顿打，然后我再对她表示歉意的，她的回答却让我不知怎么开这个道歉的口了。如果她仍然认为是不该的话，她就没错了，她没错的话，我就更是不该打她了。

"你不是错了吗？""是的，我错了，我以后再也不那样了。"认错的态度良好。"那妈妈该不该打你呢？"她张口说出的，仍不是我想要的标准答案，"不该。你不该打我。"我搞不明白她这是啥逻辑，"你错了我不该打你吗？为什么？""因为你是我的好妈妈呀，你怎么可以打我呢？"

我的泪水忍不住流了下来，再伪装，还有何脸面面对她，接下来做的，就是用好好的态度诚恳地跟她道歉了。也许，她真的就是上帝派来救我的那个人。

曾经以为自己不会打孩子，暗地里也下过这样的决心。笑笑 1 岁前，因为她的"无知"，我忍了又忍。1 岁后就想着到 2 岁再开打。加上今天这次，打过就让我后悔的，有两次。不去翻前面的日记，我已记不得第一次打笑笑是什么时候了。

我现在想起自己小学 3 年级写了遗书离家出走那件事（该计划一经出炉就告"流产"了），只是依稀觉得我爸妈待我肯定不好我才那样做，具体当时为什么会那样做已经一点儿也记不起了。不知道笑笑以后回忆起今天这事，对我会是什么样的看法。等笑笑长大后看到这篇……希望她能原谅我的坏脾气。

12. 2~3岁教养总结

总结：

(1) 孩子所有发展的前提——爱、自由与规则，三者缺一不可。

(2) 多启发，少干涉。

(3) 赏识教育永远不会错。

(4) 一分耕耘十分收获，养育孩子是回报率最高的投资。

建议：

(1) 自由、自由、自由，最大限度的自由，可以使孩子天马行空地在想象的世界里翱翔。

(2) 原则性的问题，一定要把握好。

(3) 多多益善地买书给孩子吧，你买的绝对是"原始股"。

(4) 走出家门，行万里路，书本与生活，童话与社会，要结合。生活的体验比书本更重要。生活经验的积累没有捷径。

(5) 语言的学习，具体到英文，就是模仿，模仿，再模仿后，然后有一天，你的孩子会说英文了，那语言已内化为他自己的了。

(6) 夸出一个自信的孩子！

(7) 让孩子感到被爱，孩子就会爱！